U0081417

科普的閱讀與寫作

校長序

　　《臺東大學通識教材》一套三冊，係由本校通識中心與華語文學系、語文教育研究所、應用科學系三系所共同策劃與編輯。本叢書以博雅通識為核心，藉著叢書的編輯印行，提供學生在人文學門、科學學門的基礎知識，以使學生們能成為兼具專業與博雅素養的現代通才青年。

　　本叢書包含由人文學院華語文學系許秀霞老師主編的《實用中文寫作》、師範學院語文教育研究所周慶華老師主編的《新詩寫作》、以及理工學院應用科學系黃惠信老師主編的《科普的閱讀與寫作》。這套涵蓋三個學院，動員了近二十位師生共同執筆的著作，堪稱本校教師「跨界合作」、「攜手向前」的最佳代表。教師同仁們不辭辛勞，利用教學之餘為學生們的學習需要提筆撰寫叢書，其用功之勤，對學生們關愛之深，著實令人感動與感謝。

　　《臺東大學通識教材》得以出版，首先要感謝的是教育部卓越計畫的獎勵與支持，充裕的經費讓本校得以百尺竿頭，更進一步，積極地推動課程的革新與追求教學的卓越。其次要感謝的是教務長范春源教授兼教學學習中心主任，殷殷地推動各式課程精進計畫。人文學院院長謝元富教授兼通識中心主任，力求通識、人文的推廣與落實，是這一系列叢書最重要的推手。而副校長兼師範學院院長梁忠銘教授、理工學院院長劉炯錫教授的用心領導，使得本叢書得

以匯聚人氣，在天時、地利、人和因緣俱足之下付梓印行，在此一併致上感謝之意。

臺東大學校長 蔡典謨 謹識

九十八年六月十五日

教務長序

　　大學教育除了發展專業學科的知識之外，博雅通識全才的培養與薰陶，已經是國際高等學府培育學子的雙向準則，更是實踐「全人教育」的奠基工程。本校在九十七學年度幸獲教育部教學卓越計畫的補助，東大尤其感謝教育部的支持鼓勵，本校為發展卓越精進教學，深刻體悟「通識教材叢書」開發的重要性。為了研發更優質的通識教材，戮力發展學生全能教育的實現，全面提升教學品質，因而我們在「97 日初·教學卓越計畫」C3.0 深化通識教育子計畫之中，加入了自編通識教材的進程。

　　透過跨學院的師資整合與協力開發，我們齊心研擬出一份共同的博雅教學教材，以培養學生理性思考，與感性啟發的通識精神，這項編制教材的教育使命，為朝實現臺東大學發展「4E 全能」（Enlightenment, Empowerment, Effectiveness, Enrichment）目標，邁開了啟程的步履。透過這套叢書的編定，創造了更豐饒的軟性的學習資源，以有趣新穎的觀點提升學習成效，發展學生通識智慧，也間接讓教師的研究與教學一起深化增能。

　　「臺東大學通識教材」這一套書，綜攝本校三大學院的師資人才齊力編修而成，由師範學院語教所周慶華所長主編《新詩寫作》、文學院華文系許秀霞主任主編《實用中文寫作》、理工學院應用科學系黃惠信老師主編《科普的閱讀與寫作》，這教育、文學、理工三塊

場域二十多位老師共同執筆的精心之作，恰是體現跨校跨領域群策群力、人才整合之理想的最好佳績。

不論是關連著學生語文表達、增進學生就業實力的實用寫作書籍，抑或是激發文藝聯想思維的新詩寫作，再或是知性邏輯的科學閱覽之科普寫作，這些精心編制的教材，重新以新穎視角、活躍表達，以微型文本交織宏觀理論，創造出兼具理論與實用的思維扉頁。

一向重視課程改革，提升學生就業競爭力的蔡典謨校長，特別策重學生全人素養的耕植。身兼通識中心主任的文學院院長謝元富教授，格外領會建構人文精神的重要，他積極整合了三院師資撰著這三套叢書，全面發揮文化資產、深化創意的精神，尤為感謝。另外關注教育落實教學精進的副校長暨師範學院院長梁忠銘，以及關懷在地文化連結學術深造的理工學院院長劉炯錫，兩人熱誠地領導，一起促成本套叢書的圓滿出版。

這份珍貴的成果，最是感謝精心提筆、徹夜撰稿、苦思成篇的二十幾位教師，以及三位辛苦統籌的主編，他們利用課餘時間，念茲在茲的是啟發學生的學習興趣，在短暫的時程裡，完成精緻而豐厚的創新教材，創造更多光亮的學習新驚喜。這份深耕臺東的文藝感動，都在後山這塊土地，用邊陲的地域，抒發綜觀的理念，在日以繼夜的時空之中，交織而出的薈萃文思，並希冀直接回饋給負笈後山的莘莘學子，這份源源而生的動機與堅持，是陪伴他們完成教材著述的能量，更是本校堅持推動教學卓越的動力。另外，教學與學習中心的助理羅葳以及總計畫專助馮聖雯，以及通識中心助理沈怡君與李佩芳，幾位認真的助理，提供了幕後細心又縝密的行政協助。最是感謝秀威出版社編輯林世玲小姐、詹靚秋小姐的毅力及耐

心，她們專業的精心編排，以及暖煦的溫厚熱誠，讓這套通識叢書更為美善，也讓東大的教學更具信心。

臺東大學的卓越教學，學習從這裡，隨時開始，持續前進。

臺東大學教學與學習中心主任暨教務長

范春源　謹誌

2009 年於後山荷暑之夏

通識中心主任序

　　此次通識優質教材系列叢書的發想，主要是從本校通識教育行之有年的「思維與寫作」核心課程而來。二○○二年中心曾舉辦「思維與寫作課程研討會」，針對此課程的性質、課程內容與教學目標，做了深入討論。在二○○九年四月，本中心再次舉辦「思維與寫作在大學教育的定位研討會」，邀請相關領域專長的教師、學者參與，期望能對此課程的持續推動與未來發展發向提出建言。

　　與此同時並進的是中心著手推動適用於師範學院、人文社會學院和理工學院學生「思維與寫作」的教材撰寫計畫。經過東大同仁和學者專家的努力，由人文社會學院華語文學系許秀霞老師主編《實用中文寫作》、師範學院語文教育研究所周慶華老師主編《新詩寫作》以及理工學院應用科學系黃惠信老師主編《科普閱讀與寫作》三書的順利問世，首先要非常感謝蔡校長典謨和范教務長春源的大力支持，其次是人文社會學院謝院長元富、師範學院梁院長忠銘和理工學院劉院長炯錫的領導，最後是各學院系所負責執筆的師資群。此套叢書的出版，對撰寫者與讀者而言，都可以清楚體會到「聚沙成塔」和「眾聲喧嘩」的可貴。

　　雖然市面上教導如何寫作和如何思考的書已汗牛充棟，但是此叢書充分本著「通識」的精神，在內容上除了能照顧到不同學科領域在寫作方面的需要，還兼顧到文字本身的可讀性，讓讀者藉由閱讀，能具體的學習運思寫作的能力。韓愈〈送孟東野序〉中曾言：

「大凡物不得其平則鳴。草木之無聲,風撓之鳴;水之無聲,風蕩
之鳴,其躍也或激之,其趨也或梗之,其沸也或炙之;金石之無聲,
或擊之鳴。人之於言也亦然,有不得已而後言,其歌也有思,其哭
也有懷。」希望大家都能提起筆來,用書寫鐫刻生命的丰姿,天地
的精彩!

臺東大學通識教育中心主任暨人文學院院長

寫於 2009 年立夏

主編序

黃惠信

　　臺東大學通識課程，除了在語言與思考工具類開設有科普經典閱讀及科普寫作的課程外，也有在數學科學科技類中開設多門的科普課程，因此東大的課程中已發展出自己的特色，課程中充滿了科普的元素，並充分達到科學普及的目標。

　　因本校的卓越計畫有機會將學校幾門科普的課程作介紹，同時也收錄了幾篇科學人所寫的科普文章，本書也因此分成課程與雜記兩大篇幅。期盼透過本書的推出再帶動本校科普的氛圍，也藉此與全國各大專院校作交流，讓通識教育中能夠繼續推動科學普及的目標。

　　在此要感謝當初推動科普閱讀與寫作課程實施的杜明城教授的激勵，也要謝謝此次提出文章的應用科學系林自奮助理教授、邱泰嘉助理教授、廖尉岑助理教授、楊義清副教授，也需要謝謝理工學院院長劉炯錫教授的相挺，最後更要感謝董恕明助理教授全力的支持。

目次

第一篇
課程篇

第二篇
雜記篇

第一篇

課程篇

大二通識課程——生活中的科學

林自奮

　　生活中的科學最早於 92 學年度，由當時數理教育學系胡焯淳教授及本人合開。開課目的為：本課程設計由學生動手做之中，學習科學知識，培養基本之實驗操作技巧，並訓練學生自製簡易之教具，以利科學教育之推廣。本課程主要以了解生活中諸多物理現象為主，並藉由簡易實驗設計來解釋相關科學原理。一般而言，對非理工科同學，在日後擔任自然科教師，有一定的困難。本課程希望在除了自然科學概論外，能提供非理工科同學，一個由動手實作中，學習科學知識的課程。

　　原始課程設計為物理化學各佔一半，各為七次，再加上期初實驗室安全說明課程評量要求，及期末實驗設計分享共十八週。如此進行一年後，因胡教授必須教授系上其他化學必修課程，因此由本人獨立開課。課程開設目的不變，但課程內容因本人專長之緣故逐漸減少化學而增加物理相關內容。此外經過近年參加每年之物理示範教學研討會與會分享內容增加至課程，再加上近年上課之學生回饋反應等，逐漸演變至現在之授課內容。本課程上課進行主要以當週議題學生熟悉之生活現象開始討論並預測，再由個別或組別動手操作實驗，由實驗結果再次討論，最後由本人總結並對相關議題提供學理解釋及其他生活相關現象。

　　本課程自 92 年開設至今，也曾因本人必須教授系上必修課及兼行政職務而停開兩學期。但這門課因個人興趣也非常樂意開課，學生反應也很好。當然開設這樣的課程也有一些不變之處，如每週必須準備相關教具材料，必須有相關經費支援材料費用，另學生反映每週要交報告也佔用不少時間。以上都是要克服的問題，不過也還好每學期都這樣過來了。

　　除了以上問題外，在教授本課程中，也從學生的反應及建議中得到教學相長的樂趣。另外從學生的報告中，也可以發現學生的用心與專注非常值得佩服。以下為各單元比較有色的學生報告。由這些報告可以了解每一週的課程包含教學目的、相關原理、生活實例、所需材料、操作步驟及實驗結果，最後再加上最重要的心得及引申，知道學生在這一次課程獲得多少以及對這次授課的建議。

教學進度表（以 96 學年第一學期為例）如下：

國立臺東大學九十六學年度第一學期教學計劃及教學進度表

開課班別	大二通識	課程名稱	生活中的科學	授課教師		林自奮	
學分數	2 學分	時數	2 小時	E-mail		tlin@cc.nttu.edu.tw	
上課時間	週三 8-9 節	上課地點	科學館 S405	教師辦公室		科學館 401a 室	
教學目標	本課程設計由學生動手做之中，學習科學知識，培養基本之實驗操作技巧，並訓練學生自製簡易之教具，以利科學教育之推廣。本課程主要以了解生活中諸多物理現象為主，並藉由簡易實驗設計來解釋相關科學原理。一般而言，對非理工科同學，在日後擔任自然科教師，有一定的困難。本課程希望在除自然科學概論外，能提供非理工科同學，一個由動手實作中，學習科學知識的課程。本課程所需材料費用，除期末實驗設計外，由通識計畫相關經費支付。期末實驗設計所需材料費用，由各組同學負責。	週次	日期	預定進度			
				講授大綱		備註	
		1	9/26	準備週		9/28 開學	
		2	10/3	實驗室安全、你的反應有多快		力學	
		3	10/10	國慶日　停課			
		4	10/17	玲瓏鼓、聲音、浮沉玩偶、		聲學浮力	
		5	10/24	彩虹、海市蜃樓、電漿球		光學	
		6	10/31	水上運動會　停課			
		7	11/7	籃球、保齡球誰滾的快、迴旋鏢		轉動	
必需閱讀書籍	1、生活化學1，2／余岳川／衆光出版社 2、微型化學實驗之設計與製作／方金祥／復文出						

版社 3、Chemistry Zumdahl／歐亞出版社 4、不可思議的科學實驗室——物理篇／林怡芬／世茂出版社 5、物理趣談（一）（二）／世茂出版社 6、圖解生活物理世界／小暮陽三／世茂出版社 7、奇妙物理入門／福島肇／益智工房	8	11/14	氣體製備、可樂噴泉、紗網流水	氣體反應
	9	11/21	葉脈書籤、銀鏡、銅變銀變金	化學反應
	10	11/28	吹氣球、大力氣球、玩泡泡	大氣壓力
	11	12/5	溫水沸騰、虹吸咖啡、熱機	熱學
	12	12/12	基本電學測量、靜電、萊頓瓶	電學
	13	12/19	電池介紹、水果電池	電化學
	14	12/26	太陽能電池、奈米科技簡介	環境議題
作業規定 1、實驗報告每週一次。 2、期末實驗設計及演示	15	1/2	電磁爐、渦電流、冷次定律	電磁感應
	16	1/9	電動機原理、電動機、發電機	電磁感應
	17	1/16	水火箭	動量守恆
評量方式 一、實驗精神與實驗態度10% 二、期末實驗設計20% 三、實驗報告70%	18	1/23	分組實驗設計發表	
	19	1/30	分組實驗設計發表	
	20			

每個活動以任選一篇學生報告來介紹：

生活中的科學——實驗報告			
學生	班級：體二甲　學號：9405102　姓名：謝佳芬		
同組同學	體二甲　許以亭　　體四乙　林雙如		
指導老師	林自奮	實驗日期	0922
本周實驗主題	實驗室安全規定，你的反應時間多快？ 一、接尺的自由落體 二、懸臂抓錢 三、單擺		
生活相關例子	當你騎機車出臺東大學附近的全民書局轉角時，如果沒有減速，此時當你看到前方的來車時反應時間多少？ Ans：約為 0.1～0.2 秒		
實驗目的	測量妳的反應快慢，並運用於實際生活中。 例如騎車的反應時間。（如上例）		
實驗原理	自由落體的原理： 物體掉落距離與時間的關係 距離 $H = 1/2gt^2$ 所以時間 $t = \sqrt{2H/g}$		
實驗所需的器材（或儀器）	一、接尺反應：30 公分的直尺、實驗者、測施者。 二、懸臂抓錢：拾元銅板。 三、單擺：鉛垂、魚線、腳架、碼錶。		
實驗過程	一、接尺的自由落體 　　　老師讓我們做我們分組進行，並且請施測者與受施者談天，這個目的是在分散受施者的目的，這樣所測得的時間才會最為接近反應時間。我們一位同學拿尺，另一位將手放於 0 公分的位子，在聊天過程中把尺放掉，所停留的公分可以顯示反應時間快慢。		

	二、懸臂抓錢 　　　將手彎曲手肘朝前，把五個硬幣放置手肘處，然後，將手往下放並瞬間抓住硬幣，看你可以把五個硬幣都抓住嗎？記住不要把手肘上提，只要放下就好。 三、單擺 　　　將魚線縮短為 25 公分，然後，一位同學手拿碼表準備測量時間，另一位同學晃動鉛垂，當鉛垂穩定的晃動時，開始計時，測量來回擺動十次所需的時間為何？
實驗所得 的 數據結果	一、接尺的自由落體 表格及後續內容見下

一、接尺的自由落體

林雙如	謝佳芬	許以亭
23cm	26cm	16cm
7cm	25cm	11cm
12cm	26cm	23cm

結論：

H（cm）	T（s）
10	0.14
15	0.17
20	0.20
25	0.23
30	0.25

以上列表格中可發現：我的反應最慢。

二、懸臂抓錢

$$t = 0.1s$$
$$H = 1/2 \times 9.8 \times (0.1)^2 = 5cm$$

解：5cm 為反應距離

三、單擺

$$T = 2 \times (3.14) \times \sqrt{(L/g)}$$

*L 為長度

週期 L＝1m

所以→T 約為 2 s

解：時間減半，距離縮短四倍。

	實驗：距離 25cm，單擺來回 10 次。		
	9.86 秒	10.06 秒	9.87 秒
實驗結論 與 心得感想	在這個實驗的結果，更證實了我反應慢，平常我在騎機車的時候，明明知道前方有來車，但是，我的手卻不能做動作，所以常出車禍。 　　上這堂課的過程中，因為我抓不到尺，所以讓課堂充滿歡笑，上這堂課讓我知道了如何施測才能算反應時間，如果沒做分散注意力的話，這樣施測者就有準備的時間，所以不能算是反應時間。		
附註	今天老師點名的時候把我的名字叫錯，謝佳芬叫成謝桂芬，害我沒有反應，第二次點名時，同學跟老師說他唸錯了，才聽到我的名字，有點搞笑。		

生活中的科學——實驗報告		
學生	班級：自教二　學號：9410135　姓名：蔡盛文	
同組同學	楊宇軒　蔡孟勳	
指導老師	林自奮	實驗日期	95/09/29
本周實驗主題	浮沉子、玲瓏鼓	
生活相關例子	潛水艇、大鼓、定音鼓	
實驗目的	經由壓力個關係讓東西可以上升下降 利用空間封閉的觀念發出聲音	
實驗原理	一、物體在水中的沉浮，遵守「浮沉原理」。當物體的重量（重力）大於浮力時，物體即下沉。反之，當物體在水中的浮力大於物體的重量，物體即浮上來。物體在水中所得到的浮力大小，就如同「阿基米得原理」所說：「一個物體在液體中得到的浮力等於其所排開液體的重量」。如果能夠改變寶特瓶內浮沉子的重量，或其在水中的體積（改變浮力），就可以操縱浮沉子的浮沉。 　　「巴斯卡原理」說：「密閉流體的任一部份受壓，所受的壓力可以傳至流體的每一部份，大小不變」。因此，在裝滿水的密閉寶特瓶外的任一地方施壓，瓶內的浮沉子會感受到壓力。若浮沉子有小孔可讓水進出，則水會從小孔進入浮沉子內，增加重量而往下沉；若放鬆壓力，則被壓進浮沉子內的水，就會流出來，浮沉子減輕重量而浮上來。因此改變小孔的大小，控制水從小孔進出的快慢，就可以控制浮沉子增減重量的快慢。若浮沉子完全密閉，水不能進出浮沉子，就不能改變其重量，但若能改變其水中的體積，即改變其所得浮力，也可操縱其浮沉。例如用塑膠滴管所製成的密閉浮沉子，因塑膠的軟硬不同，浮沉子受壓改變體積的程度即不同，也可以因其在水中所受的浮力改變的快慢，而控制其浮沉次序。	

	二、鼓的發聲原理（膜鳴振動及鼓腔共振），甩鈴鐺擊鼓的力學機制（慣性定律）
實驗所需的器材或儀器	保特瓶罐兩個（600ml）、迴紋針數個、剪刀、吸管數支、氣球兩個、竹籤一支、小鈴鐺 2 個、細線、膠帶、熱融膠
實驗過程	一、取吸管（塑膠製）數支。 二、將吸管剪掉，只留約 1 兩節手指頭長。如圖一 三、將吸管對折，將迴紋針插入吸管（兩支），就是「浮沉子」，若繪上一個娃娃臉，就成為浮沉玩偶。（可以挑不同顏色做兩至三個）。如圖二 四、把浮沉子置於已盛裝水的杯內，測試浮沉的程度，用手指在水中輕壓浮沉子，當手鬆開後，水立即進入浮沉子，增加重量。取出浮沉子，輕輕壓，水立即滴出，浮沉子因而減輕重量。如此反覆操作，可調整浮沉子的浮沉程度，即成為重量可以變化的浮沉子。 五、將浮沉子丟入保特瓶內及完成。 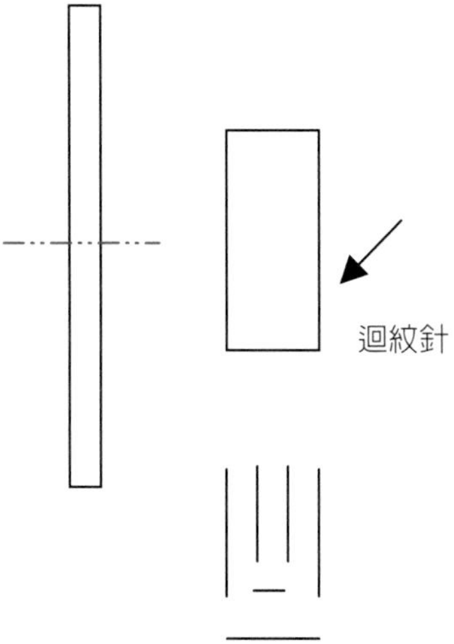 迴紋針 圖一 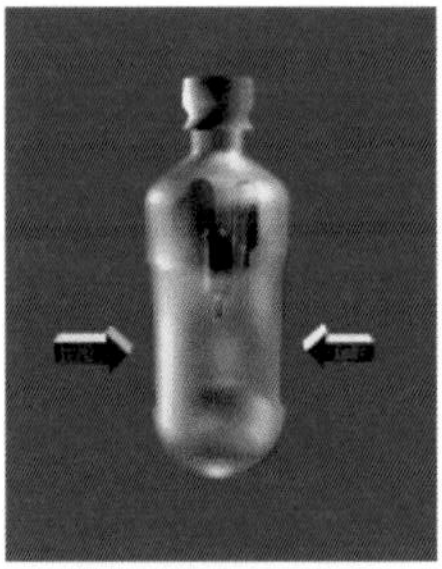　　　　　　圖二

	(一) 將保特瓶留下平滑部分，並將兩側留空。 (二) 將氣球將兩端套上拉緊。 (三) 將竹籤穿過中間。 (四) 並將珠子黏在兩側。 ← 氣球 ← 竹籤
實驗所得的數據結果	此次無數據
實驗結論與心得感想	這一次的實驗，我記得在之前的普物課就有做過，那時候上的課程就是浮力這個單元，我那時候好像怎麼做就是做不起來，今天這個實驗，才總算作成功，真是令人高興。還做了一個從來沒有做過的實驗——玲瓏鼓，這個的技巧就是把減開的氣球套緊一點，這樣就可以聽到，響度比較大的擊鼓聲，不像維尼的鼓面，鬆弛無力，所以才沒有震撼的擊鼓聲，自然科學實驗有趣的地方就是在這邊，一個步驟不太注意到，那產生出來的結果，就是有不一樣的地方。
附註	

生活中的科學——實驗報告		
學生	班級：體四乙　學號：9205205　姓名：林雙如	
同組同學	體二　謝佳芬　　體二　許以亭	
指導老師	林自奮	實驗日期	95/10/13
本周實驗主題	籃球滾的快還是保齡球滾的快？	
生活相關例子	一、與角動量守衡相關的例子有：直昇機主副螺旋槳、貓落地、溜冰選手、跳水選手、打棒球、打高爾夫、引起槍彈和砲彈自旋的來福紋、擲鐵餅時要給予鐵餅的自旋、單車前進不易倒下、飛機和飛彈的導航、陀螺、太空船的座艙等。 摘自 http://www.rotary.edu.hk/science/f6/%AA%AB%B2z%BE%C7%A4W%AA%BA%A8%A4%B0%CA%B6q%A6u%AB%ED.doc 二、與重心相關的例子：不倒翁、高空走鋼索、風箏。	
實驗目的	一、觀察不受外力矩作用的系統，角動量守恆的現象。 二、認識平常生活中與角動量相關的例子。 三、實際操作平衡鳥的原理、應用及其製作方式。 四、了解什麼是「重心」，以及知道「重心」的位置。 五、觀察重心與支點的關係。 六、說明力矩的定義及其平衡條件。	
實驗原理	一、旋轉椅 　(一) 角動量守衡： 　　　轉動慣量越大（物體質量較大，或質量分佈離轉軸較遠），則角動量也越大。 二、平衡鳥： 　(一) 槓桿原理： 　　　平衡鳥之所以會平衡，主要是槓桿原理的應用，牙籤前端即是它的支點（重心），翅膀到牙籤之距離為力臂，當力臂等長，且左右兩邊的迴紋針等重時，則平衡鳥將會平衡。 　　　「槓桿原理」就是「靜力平衡」，只要符合「槓桿原理」就會達到「靜力平衡」。	

	摘自 http://physical.tcfsh.tc.edu.tw/physical/physdemo/ must/1-1/1-1.htm
	(二) 等臂天平的原理: 　　　　利用兩邊的重量對支點的力矩互相抵消,達成靜力平衡。天平整體的重量需在支點的下方才能成穩定平衡。 摘自 http://www.ck.tp.edu.tw/~pxhuang/ppt/ch3-Static-Equilibrium.ppt#297,33,投影片 33
	(三) 重心: 　　　　一個物體各部份都受有重力作用,這些重力可以視為集中於一個點,這個點稱為重心。 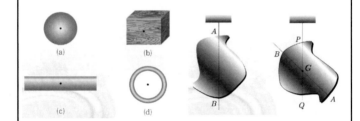 PS.質量均勻且形狀規則的物體:其重心在幾何中心,而重心位置可能沒有質量(如圓環)。質量不均勻或形狀不規則的物體:其重心可用懸吊法找出來。 摘自 http://home.phy.ntnu.edu.tw/~eureka/contents/elementary/chap%202/2-3-5.htm
實驗所需的器材或儀器	一、旋轉椅: 　　旋轉椅、啞鈴 2 個、車輪 二、滾球: 　　籃球、保齡球、木板 三、平衡鳥: 　　迴紋針 2～4 根、厚紙板、牙籤 1 支、剪刀 1 把、透明膠帶

實驗過程	一、旋轉椅、啞鈴
	1、兩手平伸，左右各拿一個啞鈴坐在旋轉椅上。
	2、一人旋轉（不要轉太快）。
	3、椅上的人將兩手縮回，旋轉速度加快。

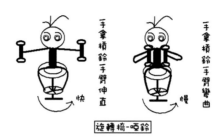

二、旋轉椅、車輪

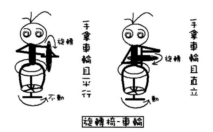

1、一人轉動車輪垂直交給坐在旋轉椅上的人。

2、椅上的人將車輪平行，椅子會開始旋轉。

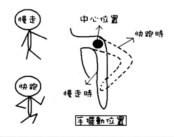

三、手擺動位置
　　1、觀察走路時手擺動的位置為自然垂下。
　　2、觀察跑步時手擺動的位置為彎曲成 90 度。
四、拉槓鈴
　　1、將槓鈴中心纏繞線圈。
　　2、手向自身方向拉，槓鈴會向施力方向滾。

槓鈴朝施力方向滾

五、滾球
　　1、將木板擺至一個斜度易於球滾下。
　　2、分別將籃球、保齡球同時滾下，會發現保齡球滾的比較快。
　　3、若拿質量一樣，但一個空心、一個實心的寶特瓶罐，實心的會滾的比較快。

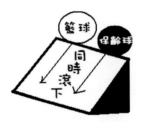

六、平衡鳥
　　1、摺一張紙並以邊為中線，設計半幅鳥的圖案。
　　2、以牙籤當中點，黏貼在鳥的中線上。
　　3、在翅膀尾端加上迴紋針增加重量。

實驗所得的數據結果	一、旋轉椅 (一) 質量在內及在外會造成不一樣的結果，與質量分佈有關。 (二) 動量守恆

	1、線動量＝質量 × 速度（P＝M × V） 2、角動量＝轉動慣量 × 角速度（L＝I × ω） PS.轉動慣量為 Σ＝m r²1　　　I²＝m r²1　　　I r 1 (三) 角動量守衡（沒有外力） 　　　　M1 V1＝M2 V2 　　M1．M2：兩個東西的質量 　　V1．V2：兩個東西的速度 二、手擺動位置 　1、離中心點愈近，半徑愈小，則轉動慣量愈小，角動量也愈小，帶動的速度就愈快。 　2、走路動作的手腳自然平衡，使得同手同腳走路時會顯得相當的不協調。跑步時彎曲雙臂會比伸直好跑的原因，是手臂彎曲時其轉動慣量大約比完全伸直小三倍，因此在跑步頻率加快的要求之下，轉動慣量越小則手臂才能夠平衡加快頻率的腿部動作。在這種情況之下，當跑步速度越快，兩手動作的平衡相對的就越來越重要了。 三、滾球 　　　因為保齡球是實心，質量分佈離轉軸較近，則轉動慣量愈小，角動量也愈小，帶動的速度就愈快。籃球是因為質量分散於表層四周，則速度較慢。 四、平衡鳥 　　　只要以鳥的嘴巴為重心點，即可支撐，所以可以調整迴紋針的重量至重心平衡為止。
實驗結論 與 心得感想	一、結論 　　　物體轉動慣量的因素包括：物體是否為實心與旋轉軸的位置。物體是否為實心方面，質量相同的物體，實心者之轉動慣量為空心者之兩倍。旋轉軸的位置方面，繞棍子末端旋轉之轉動慣量，為繞棍子中心旋轉者的四倍。 摘自 http://epsport.ccu.edu.tw/bost/induction/show.asp?repno=45&page=1

	二、心得與感想 　　之前有去臺南的糖果文化節，裡面有一個主題展覽館是講解一些有關科學的器材及實驗，我就在那裡看到車輪這實驗和器材，所以有玩過，而且去年有上 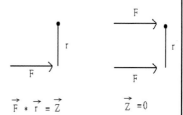 過劉明智老師的自然科學概論，有講過一些角動量守恆的概念（右圖為部分上課資料），也做過研究芭蕾舞者旋轉速度的實驗，所以印象極為深刻。其實本來對一些物理名詞都不太熟，因為高中所接觸到的，都是一些很深奧又看不懂的數字，學了又會很沮喪，可是我覺得像這樣用實驗導入，以實際操作經驗去領悟，大家會對他印象比較深刻一點，尤其是用在國小的教學上，小朋友一定非常有興趣，甚至去喜愛他、研究他、進而在這個領域開創，我覺得這是一個很不錯的動機學習。
附註	高爾夫揮杆教學 http://home.kimo.com.tw/taiwan-japan/golfs22.htm 挑戰平衡力的遊戲 http://www.i-dac.com/game/deep/deep1.html 單輪車遊戲 http://games.lynms.edu.hk/games/unicyclechallenge.swf

生活中的科學——實驗報告			
學生	班級：自教三　學號：9310103　姓名：謝依婷		
同組同學	許千祐　程煜棋　林均翰		
指導老師	林自奮	實驗日期	10/20
本周實驗 主題	白努力噴霧器		
生活相關 例子	一、飛機機翼、水翼船的水翼，還有像某些附有噴球的香水瓶 二、火車進站時不能靠太近，不只是因為怕你主動去撞火車而是火車高速進站時，你和火車之間的空氣，和你背後的空氣比起來是相對流速較大，所以壓力較小，造成火車像是會有吸力將你吸過去 三、當受到吹風機的強風往上吹時，乒乓球不但沒有被吹走，反而可以懸浮在吹口處，不落下也不被吹走。這是因為乒乓球下方的空氣因為吹風機吹出的強風正好在球體的下方，致使球的正下方因氣體流速最大而氣壓降低，故使乒乓球受到向吹風機吹口處移動的驅動力，此力和由吹風機吹出的風作用於球體上往外推的作用力相互抵消時，球體即可在一定的高度處懸浮。		
實驗目的	白努力定律是日常生活中經常會接觸的物理現象，經由簡單的小實驗了解氣體流速與壓力的關係		
實驗原理	白努利從牛頓運動學中，能量守恆觀念：動能＋位能＝定值，推導出白努利定律：動能＋壓力＝定值。 　　數學式： $$\frac{1}{2}\rho u^2 + P = const$$ P：壓力　　　ρ：液體密度　　　μ：流速 此結果，當液體流速減少時，壓力便會增加。		
實驗所需 的器材 （或儀器）	吸管一支、有瓶蓋的塑膠瓶一個、剪刀、尺、鑽子一支、水		
實驗過程	一、吸管用尺取 11.4 公分剪下。		

	二、將水少許置於塑膠瓶中,並插一支吸管。
	三、將瓶口蓋上,在平口周圍用鑽子鑽一個小洞。
	四、以另一支吸管用力吹氣。
	五、持續吹氣可見水漸被吸上來,而噴出。
實驗所得 的 數據結果	將瓶口蓋上平行瓶口吹,一定要大力吹。水被吸上來。水呈現霧狀的,如果吸管的剪裁方式和角度適宜,在吹氣時則會產生哨音的效果
實驗結論 與 心得感想	白努力定律在日常中的實例真的很多,例如飛機機翼、投手的變化球、煙囪於有風日子排煙效果好,是一個很好發揮的題材,白努力噴霧器用力吹時,空氣由管口急速流出造成管口壓力小而將水吸上來造成噴霧狀,在製作過程中發出的聲音,或許會增加實驗的趣味性,除了噴霧器還有一個類似的實驗我覺得也挺有趣的,製造細粉:通常是將要做成粉狀的物質溶在溶劑中,在其容器的開口處加上很細的出口裝置,當以高速的熱空氣在其出口處吹過時,則因白努力原理,出口處的壓力迅速降低,使溶液由出口處噴出,而熱氣流隨即將受強風吹成霧狀的小液滴蒸乾,即成極細的粉末。
附註	

生活中的科學——實驗報告		
學生	班級：美勞教育系二年級　學號：9407133　姓名：蔡依婷	
同組同學	李孟璇（美教二）	
指導老師	林自奮	實驗日期	95/10/27
本周實驗主題	水火箭	
生活相關例子	一、火箭 二、氣球吹滿氣放開 三、手槍	
實驗目的	算是一種有科學性又環保的一項科學實驗設計吧。 　　可由水量的多和少、打氣次數、發射臺的角度、水量和打氣次數的多少來實驗到底哪種方式可讓水火箭飛的又遠又穩定。	
實驗原理	一、加水可提供質量，增加動量，為「動量首恆定律」 二、打入空氣時，運用「動量守恆定律」→動能＝質量 M ＊ 速率 V 此時再利用 P＝F/A 公式（P 為壓力　F 為作用力　A 為體面積）A 不變 F 隨 P 增加而增大 三、火箭升空時，這個現象就是作用力和反作用力定律，也就是牛頓第三運動定律（作用力等於反作用力），所以當水受到壓力作用而噴出時，就便會承受「水火箭」本體的一股作用力，而此時水分子便會產生一反作力來推動「水火箭」前進升空。 四、當「水火箭」發射後未受其他外來因素之作用力作用時，它會依發射架的仰角持續飛行，但由於「水火箭」會因本身之重力與空氣阻力的因素，而減速飛行便成一拋物線飛行，故得知「水火箭」亦運用到拋物線原理。	
實驗所需的器材或儀器	1、較能承受壓力的瓶子×2（黑松沙士） 2、彈頭×1 3、噴嘴×1 4、剪刀×1 5、電工膠×2 6、墊板×1	

實驗過程	一、準備 2 個黑松沙士的瓶子（瓶身較能承受壓力） 二、把其中一個的前頭 6cm～8cm 的地方剪掉、後端最寬的地方剪掉。 三、前面裝上彈頭,在將兩個剪好的材料,套上沒有剪的瓶身(倒置),用電工膠綁牢,這就是火箭主體。(注意瓶身跟彈頭要平直) 四、將墊板上畫的機翼剪下,共有四片。 五、將機翼對折,前段要預留黏膠處。 六、機翼黏貼上火箭主體。(我們的瓶身跟彈頭有歪斜,所以黏斜的) 七、底裝上噴嘴,就完成了。 八、裝水（1/2 至 1/3）,裝到打氣桶上打氣。 九、按下發射鈕,發射!
實驗所得的數據結果	不知道多遠,不過我跑過去看距離的時候,是班上的第二名唷。
實驗結論與心得感想	雖然以前常常聽到大家說在玩水火箭,但是我可以第一次接觸到水火箭耶!以前上的自然科學跟物理化學都沒有做水火箭的實驗,一直都覺得滿可惜的,不過這次我們做了這個閃亮亮有飛行員的水火箭,好棒喔,不過在製作的過程中,彈頭跟瓶身有稍微的歪斜,所以我們聽老師的意見要將機翼稍微傾斜,感覺就像手槍的膛線一樣旋出去,果然,發射出去的時候飛的超美的!而且雖然我們是美教的,我們飛的很遠喔!距離第二遠的就是我們!好開心喔!好喜歡這次的實驗,雖然在打氣加壓的時候有點恐怖,按下鈕的時候噴的全身,但是還是好開心!順帶一提,我們的飛行員再噴射出去的時候就殉職了,那個時候別人在加壓,我們還在旁邊撿他的屍體。
附註	

生活中的科學──實驗報告			
學生	班級：體二甲　學號：9405102　姓名：謝佳芬		
同組同學	體二甲　許以亭　　體四乙　林雙如		
指導老師	林自奮	實驗日期	1103
本周實驗主題	迴旋標		
生活相關例子	一、飛機飛行的機翼 二、王建民的伸卡球 三、煙囪於有風日子排煙效果好		
實驗目的	曾經在公園看過一個小朋友，拿著一個很像鐮刀的玩具，在拋射，更奇怪的是：那個玩具還會迴旋回來，讓我覺得很驚訝。以前只玩過飛盤，未曾玩過迴旋標，藉由這次的實驗，讓我們了解它的物理原理吧！		
實驗原理	一、將迴旋標視為陀螺運動與白努利原理的綜合體。陀螺受一力矩的作用（用繩子將陀螺打出去），使得陀螺邊除了沿一定軌跡移動又會邊轉動，我們把它稱為進動。而是迴旋標便是利用白努利原理，來提供此一力矩，迴旋標兩端在旋轉時速率不同，產生側向提昇力，使迴旋標進動。 二、 流速快→壓力小 流速慢→壓力大		

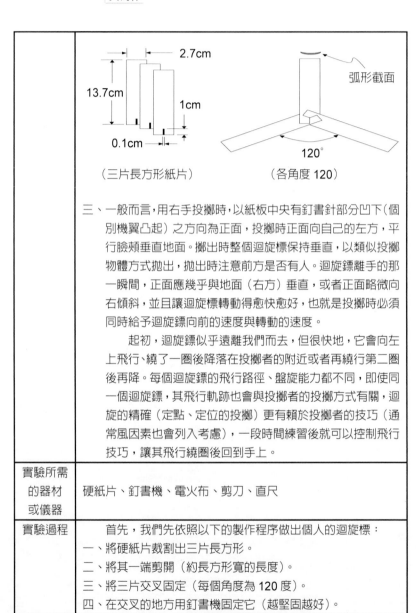

（三片長方形紙片）　　　　　　（各角度 120）

三、一般而言，用右手投擲時，以紙板中央有釘書針部分凹下（個
　　別機翼凸起）之方向為正面，投擲時正面向自己的左方，平
　　行臉頰垂直地面。擲出時整個迴旋標保持垂直，以類似投擲
　　物體方式拋出，拋出時注意前方是否有人。迴旋鏢離手的那
　　一瞬間，正面應幾乎與地面（右方）垂直，或者正面略微向
　　右傾斜，並且讓迴旋標轉動得愈快愈好，也就是投擲時必須
　　同時給予迴旋鏢向前的速度與轉動的速度。

　　　　起初，迴旋鏢似乎遠離我們而去，但很快地，它會向左
　　上飛行，繞了一圈後降落在投擲者的附近或者再繞行第二圈
　　後再降。每個迴旋鏢的飛行路徑、盤旋能力都不同，即使同
　　一個迴旋鏢，其飛行軌跡也會與投擲者的投擲方式有關，迴
　　旋的精確（定點、定位的投擲）更有賴於投擲者的技巧（通
　　常風因素也會列入考慮），一段時間練習後就可以控制飛行
　　技巧，讓其飛行繞圈後回到手上。

實驗所需的器材或儀器	硬紙片、釘書機、電火布、剪刀、直尺
實驗過程	首先，我們先依照以下的製作程序做出個人的迴旋標： 一、將硬紙片裁割出三片長方形。 二、將其一端剪開（約長方形寬的長度）。 三、將三片交叉固定（每個角度為 120 度）。 四、在交叉的地方用釘書機固定它（越堅固越好）。

	五、在各硬紙片的頂端纏繞電火布增加重量。 　　再來，我們到了學校的中正堂做試飛，大家都試過自己的迴旋標後，老師再做一個技巧性的解說。
實驗所得的 數據結果	迴旋標飛行的遠度與其製作過程中是否標準、迴旋標向內彎的角度、當時的風向及風力、及發射者手腕的力量與角度。
實驗結論與 心得感想	今天我們所做的迴旋標是屬於簡易製作型的，在講求美感的我們動作都很慢，當同學都朝著中正堂前進的時候，我們還在纏繞膠帶。 　　在我們要前往中正堂時，我們這組的學姊忍不住性子，在出自然系系館時，便將她的迴旋標設了出去。因為，我們位於的位子有種大樹，所以，學姊的迴旋標就卡在樹上。 　　為了拯救學姊的迴旋標，我們找了棍子等工具將它取下，這真的費了我們好大的力氣。 　　到了中正堂後，我們開始試起了自己的迴旋標，記得那時我到器材是找施先生借膠帶時，他拿了個鐵環借我，突發奇想的我將它黏在迴旋標的中心，這時，我發現迴旋標飛行的速度相當的緩慢，且是穩穩的飛行。 　　最後，老師試了我的迴旋標，比較一下我們兩個飛行的不同，老師的意思是說，我的手腕力量不夠，之後，我調整了一下手的施力與角度後，我的迴旋標發射的比較完美了。
附註	 增加其重量

半成品

驗收成果

	生活中的科學——實驗報告		
學生	班級：自三　學號：9310103　姓名：謝依婷		
同組同學	許千佑、程煜琪、林均翰		
指導老師	林自奮	實驗日期	11/10
本周實驗主題	煮咖啡		
生活相關例子	一、虹吸原理實例：馬桶、咖啡壺、換水族箱的水的時候 二、熱漲冷縮：橋樑、鐵軌		
實驗目的	藉由體驗烘培咖啡的過程中，觀察物理中的虹吸原理		
實驗原理	一、虹吸原理： 　　　　主要是利用倒過來的 U 形管（一邊長一邊短），當管中裝滿水再插入左邊高處的盛水器中時（或是從右邊將虹吸管中的空氣抽空），盛水器中的水便會自動向上流，再從右邊流出來，注入低處的盛水器中。兩邊的液面都有一大氣壓，但因液面高度不同，故有一個壓力差 $P = h \times d$ 存在驅使水流動。 　　　　虹吸式咖啡壺約在西元 1950 年出現，又稱為塞風、真空壺、蒸餾式咖啡壺，由上下二個球型玻璃瓶組成，中間由套有濾布的過濾器隔開。虹吸式原理是利用加熱下方瓶內的水，使水滾沸後的蒸氣壓力將水經由玻璃虹吸管送至上方瓶內，使沸水到達上層煮咖啡，並使用竹片攪拌使咖啡粉與水能夠融合；經過約一分鐘沖煮後，再熄火降溫使下方玻璃瓶呈類似真空狀態，將上層咖啡吸取下來，經由濾布濾除咖啡粉渣，溶析出芳香的咖啡液。 二、熱漲冷縮： 　　　　溫度不同時，密度會改變，但重量不變，所以會有熱漲冷縮的現象。		
實驗所需的器材或儀器	虹吸式咖啡壺、研磨機、咖啡豆、酒精燈、水		
實驗過程	一、倒入熱水至玻璃下球，以大火煮開，待水沸騰。		

	煮一杯時要加入下球的水量為 200cc，不倒底水時需 175cc，煮二杯時需 350cc。倒完水後將玻璃下球用抹布擦乾，否則容易使玻璃破裂。 二、將過濾器裝入上球。 　　將過濾器從水中拿出清洗後壓乾，將過濾器的勾子鉤住上球的底部，再用調棒將過濾器的位置調整到中間的位置。 三、水沸騰後，將上球插入下球。 　　轉成小火，小心地將玻璃上球斜斜放入下球，確定水不會太滾而噴出時，將玻璃上球直直地稍微向下壓並同時旋轉即可 四、水上昇一半後放咖啡粉，開始攪拌，攪拌完開始計時。 　　倒入每一杯的用量是 15 公克，並開始第一遍的攪拌，攪拌的時候不要繞圓圈，應左右來回，由上往下把粉壓入水中，使兩個不同方向的力量相互撞擊，不要攪拌太久，只要使咖啡粉散開即可。 五、25 秒時做第二次攪拌。 六、55 秒時第三次攪拌，60 秒時關火。 　　煮單品咖啡時間只要 50 秒（20 秒時第二次、45 秒時第三次）煮一杯時，在關火後迅速將上球拔起，把下球的餘水倒掉，再插回上球，這樣的動作叫做倒底水，如果不想做這個步驟，水只要 175cc 就可以。 七、關火後立即以濕冷的毛巾擦拭玻璃下球。 八、當咖啡液過濾至快結束時，將玻璃上球拔起，不要讓最後的咖啡流下。
實驗所得的數據結果	煮出來的咖啡還不錯有碳燒咖啡的味道
實驗結論與心得感想	虹吸式咖啡壺的煮法比研磨式咖啡（義大利式濃縮咖啡）相較之下虹吸式咖啡壺需要較高的技術性，以及較繁瑣的程序煮一杯好喝的咖啡必須考量的因素很多包括水量、水質、火候、咖啡粉的用量和粗細、攪拌、時間等等，我覺得虹吸式咖啡壺所能煮

	出咖啡的那份香醇是一般以機器沖泡的研磨咖啡所不能比擬的。今天老師示範了煮咖啡的方法，由於今天的重點是要觀察虹吸原理所以不需要考量這麼多的因素，剛開始沒注意到濾紙的部份失敗了但後來了咖啡我覺的還蠻好喝，我喝了三杯一點都不澀，今天的實驗除了咖啡好喝之外有點可惜的地方就是很多人不喝咖啡所以參與感不是很夠，如果可以的話或許可以每一組都能夠有親自動手體驗的機會，這樣會更好。
附註	參考資料 http://home.kimo.com.tw/gdm3127/

生活中的科學——實驗報告		
學生	班級：幼兒教育學系　學號：9106022　姓名：洪佳音	
指導老師	林自奮	實驗日期　　　4/1
本周實驗 主題	電池和電路	
生活相關 例子	一、各種大小型電子產品 二、手機、數位相機、筆記型電腦之充電電池配備	
實驗目的	一、對電池儲電能力有基本認識 二、認識電路構造以及學習「串聯」和「並聯」的連接方式 三、學會使用三用電表	
實驗原理	一、歐姆（電壓等於電流乘以電阻（$E = IR$）） 二、克希荷夫電路定則 　　　流入電路連接點的電流總和，等於流出電流總和及沿 　　電路內的任何一個迴路中，電動勢（電源電壓）的總和等 　　於該迴路中每一電阻兩端電壓的總和	
實驗所需 的器材 （或儀器）	1、數位三用電表一個 2、簡易電路盒一組 $\left\{ \begin{array}{l} \text{大電池數個} \\ \text{電路板一張（小燈泡三個）} \\ \text{電線數條} \\ \text{電容器數個} \\ \text{電阻數個} \end{array} \right.$	
實驗過程	一、兩個電池串聯＋三燈泡並聯 　　試著將電池和電燈連成通路。（附圖1） 二、兩個電池串聯＋三燈泡並聯＋開關 　　利用連接開關的方式，當開關下壓的時候燈泡才會 　亮。（附圖2） 三、兩個電池（串聯）並且並聯一個燈泡＋和兩燈泡串聯＋開關 　　做出一個燈泡和電池並聯，其他兩個燈泡和電池串 　聯，並利用開關亮燈。（附圖3-1，3-2） 四、測量電池電壓 　　利用三用電表測量電池電壓。紅線接觸電池正極，黑 　線接觸電池負極。	

	(一) 新舊電池電壓有所不同。舊電池比較小…… 　　　因為用過的電池,其電阻會漸漸變大,所以電壓就會變小。 (二) 並聯串聯電壓不同。並聯電池的電壓＜串聯電池的電壓 五、測量電燈電阻 　　利用三用電表測量電燈電阻,紅黑線各放在燈泡的兩端接點處。 六、認識充電電池 (一) 鋰電池:沒有記憶功能 (二) 鋰電池仍有一定的使用壽命,一般來說大約可重複充電四百次。 (三) 鎳氫電池:有記憶功能,對於前一次電池的能量會做記憶,所以為了使電池能發揮效能,一定要將整個電池電量用完後再進行充電;反之則會減少電池下一次儲存電量的效能。
實驗所得的數據結果	一、新的電池電壓 1.567v 二、兩個舊電池串聯電壓 2.77v 三、兩個舊電池並聯電壓 1.392v 四、三個電燈電阻分別為:1.2 歐姆、1.4 歐姆、1.3 歐姆 五、三個燈泡並聯電阻為:1.6 歐姆 　　2.1 歐姆－0.5 歐姆（電表本身電阻）＝1.6 歐姆 六、三個燈泡串聯電阻為:3.3 歐姆
實驗結論與心得感想	這是開學以來,第一次做實驗做的有些灰心……當見到黑板上那些有些熟悉又陌生的文字時,排斥的感覺也不自覺的產生。回顧國中在這方面的學習,向來就不令我期待。也許是本身資質,也許是老師的教學之於我就是有著極深鴻溝,有關電池電壓電阻這類的科學,當初我就沒有學好過。若談起有關電壓電阻的計算,更是我國中理化的夢魘。 　　儘管我盡可能將過去的學習經驗拋在腦後來進行這次的實驗,然而,當為了完成一個簡單的電燈和電池串聯並聯,卻搞的我滿頭大汗、困惑無助時,排斥與反感便油然而生。在這樣

的情況之下，不僅使得學習效果不佳，也連帶影響了做實驗該有的積極態度。

這些挫折也帶給我另一些思考⋯⋯

原來做實驗並不一定都是有趣或令人開心的結果。那些偉大的科學家們，如果遇到失敗或挫折時，也像我這樣消極的話，就不能帶我們現今的進步與發展了。

要上這堂課，除了投入的玩實驗之外，也要學習科學家的實驗精神——耐心和不怕受挫的態度！

附註	一、三用電表本身也有電阻

一、三用電表本身也有電阻

　　將紅黑線交叉可測出具有 0.5 歐母的電阻，所以測量出來的數據就要扣掉三用電表本身的電阻。

二、以下為實驗附圖

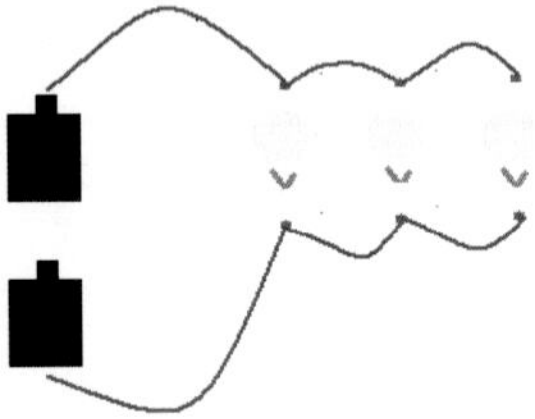

附圖 1　　　　　　　　附圖 2

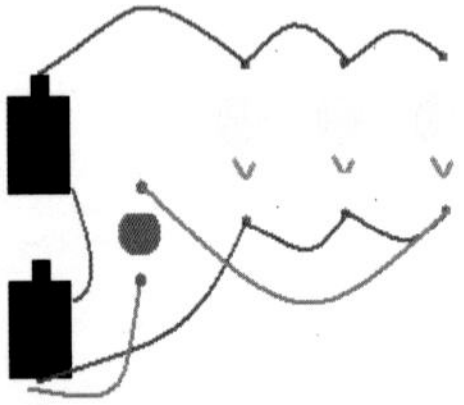

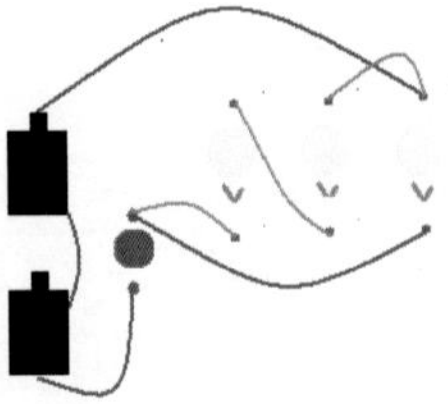

附圖 3-1　　　　　　　附圖 3-2

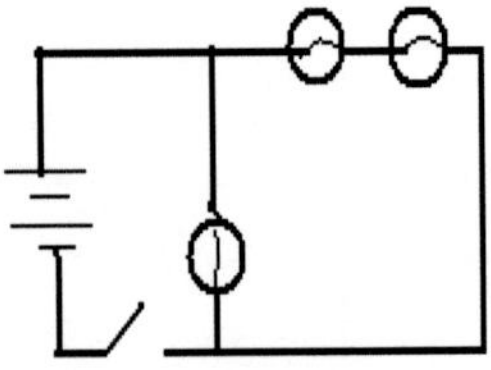

生活中的科學──實驗報告		
學生	班級：自教二　學號：9410117　姓名：蔡孟勳	
同組同學	蔡盛文、楊宇軒	
指導老師	林自奮	實驗日期	95/12/08
本周實驗主題	電動機原理、另類電動機	
生活相關例子	馬達、發電機	
實驗目的	電動機俗稱馬達（MOTOR），被廣泛運用於各種電器用品間，能將電能轉換為機械能，以驅動機械作旋轉運動、振動或直線運動，作直線運動的馬達稱為線型馬達（LINEAR MOTOR），適用於半導體工業、自動化工業、工具機、產業機器及儀器工業等，而作旋轉運動的馬達，其應用則遍及各種行業、辦公室、家庭等，生活週遭幾乎無所不在。	
實驗原理	一般的電動機或發電機都包含轉子和定子，轉子為可旋轉的部份，定子為固定不動的部份，提供周圍的磁場，電動機的原理和發電機的原理非常相似，概略地說發電機以水力、火力或其他力量來轉動在磁場中的導線（轉子），因而在導線產生電動勢（電壓），而電動機則由外界提供一電源通過轉子或定子，使產生磁力相互作用而旋轉，如圖1、圖2直流發電機和直流馬達構造相同動作原理不同。 圖1　直流發電機原理：轉子轉動與定子磁場相互作用，以產生電動勢，圖中M表示定子磁場方向，V表示轉子導體運動方向，E表示所產生的感應電動勢的方向。	

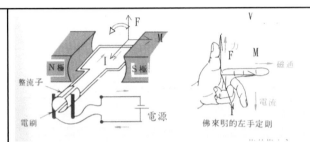

圖 2　直流馬達原理：由外部電源提供電流使通過轉子導線，以產生磁場與定子磁場相互作用而轉動，圖中 M 表示定子磁場方向，I 表示流過轉子導體的電流方向，F 表示轉子與定子磁場相互作用所產生作用力的方向（此力使轉子轉動）。

　　由於磁場的磁力，可由永久磁鐵或電磁鐵產生，因此馬達的轉子或定子，都可以是電磁鐵或永久磁鐵，圖 3 的玩具直流馬達，其轉子為電磁鐵（以漆包線繞成），定子則為永久磁鐵，圖 4 的步進馬達，其轉子為永久磁鐵，定子則為電磁鐵（以漆包線繞成）。

　　然而針對不同的用途需求，電動機須具備不同的特性，因此實際上電動機的構造也有許多的種類，原理也略有不同，例如圖 5 的感應馬達，其轉子既不是永久磁鐵，也不是用線圈繞成的電磁鐵，而是由定子磁場感應而產生磁力而旋轉，其原理就如同轉動一個磁鐵以帶動一個圓盤的道理，不過此實際的馬達裡，並不是轉動周圍的磁鐵，而是讓繞在定子上的線圈電流相位不同，因而產生 N 極的時間不同，就如同磁場在旋轉一般。在此僅粗略地介紹馬達的大致結構，馬達的種類請參閱相關篇章。

實驗所需的器材或儀器	電池、迴紋針、磁鐵、線圈

實驗過程	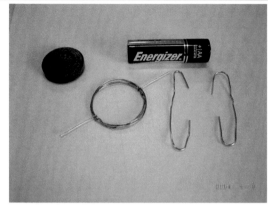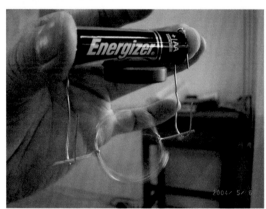
實驗所得 的 數據結果	此次無數據
實驗結論 與 心得感想	簡易的發電機,小學的時候也有做過ㄟ,哈哈哈,不過今天剛好碰上評鑑,超恐怖的大家好想都很認真很配合,哈哈哈,剛開始我做的的好像太小,不會轉,後來做了個大一點,把漆也有磨掉,不過真得超燙的,不知道還燙到呢。
附註	

生活中的科學——實驗報告			
學生	班級：體四乙　學號：9205205　姓名：林雙如		
同組同學	體二　謝佳芬、體二　許以亭		
指導老師	林自奮	實驗日期	95/12/15
本周實驗主題	自製電池、水果電池		
生活相關例子	一、伏打電池 　　十八世紀末，義大利的醫學家賈法尼在偶然的情況下，以銅製的解剖刀碰觸到置於鐵盤內的青蛙，發現其立刻產生抽搐現象，因而認為有微電流流過，他主張是生物本身內在的自發電流。但是義大利另一科學家伏打的興趣，卻在於那兩種金屬和電解質，他認為有電流產生是由於那些因素的關係，所以繼續從事相關的實驗，進而發明出伏打電池。西元 1800 年伏打以含食鹽水的溼抹布夾在銀和鋅的圓形板中間，按銀→布→鋅→銀→布→鋅……的次序，然後堆積成圓柱，利用導線連接最頂端的銀圓板和最底層的鋅圓板，製造出最早的一個電池，稱為「伏打電池」。 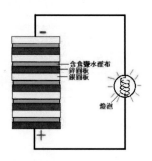 二、伏特椎 　　一七九九年，伏特基於賈凡尼的實驗，進一步認為電流是由兩種不同的金屬產生的，可以用任何潮濕的物質取代那隻青蛙。因而發明了用不同的金屬片夾濕紙組成的「伏特堆」，即現今所謂伏特電池。這是第一個能產生穩定電流的發明，也是化學電源的雛型。		

	三、鋅銅電池
	利用伏打發現的原理，以鋅與銅這兩種金屬也來製造一個伏打電池。
實驗目的	一、運用日常生活中的水果來製造簡易的電池。 二、思考各種會讓燈泡發亮的方法。
實驗原理	一、水果的汁液充當迴路裡需要的電解質（水果能作為電池，是因為水果中含有檸檬酸、酒石酸等電解質的關係），鋅放出負電子時，便經由汁液傳遞到銅離子形成迴路。 二、其實化學電池是利用氧化還原反應來產生電流。電流的負（又稱陽極）產生氧化反應，放出電子；電流的正極（又稱陰極）發生還原反應，接收電子。電子由負極經外電路流向正極，而電流則由正極流向負極。
實驗所需的器材或儀器	水果數顆、鋅片 1 片、銅片 1 片、電線夾 2 條、磨砂布 1 塊、三用電錶 1 個、電夾紅黑各 1 條、發光二極體 1 個。
實驗過程	一、先用磨砂紙將鋅銅片上的鐵鏽磨掉。 二、將鋅銅片插入水果中以三用電錶測得每顆水果的伏特值。 （紅電夾插入 VΩH2，黑電夾插入 COM） 三、以聯結的方式增加電力至三伏特。
	四、將電線夾一端夾在鋅銅片上，另一端連結至燈泡即可發亮。

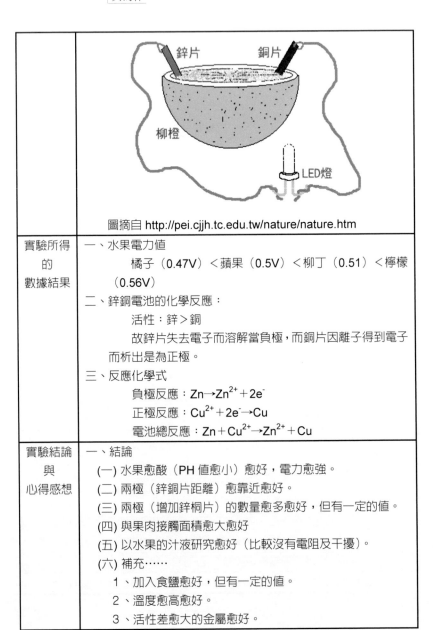

鋅片　　　　銅片

柳橙

LED燈

圖摘自 http://pei.cjjh.tc.edu.tw/nature/nature.htm

實驗所得的數據結果	一、水果電力值 　　橘子（0.47V）＜蘋果（0.5V）＜柳丁（0.51）＜檸檬（0.56V） 二、鋅銅電池的化學反應： 　　活性：鋅＞銅 　　故鋅片失去電子而溶解當負極，而銅片因離子得到電子而析出是為正極。 三、反應化學式 　　負極反應：$Zn \rightarrow Zn^{2+} + 2e^{-}$ 　　正極反應：$Cu^{2+} + 2e^{-} \rightarrow Cu$ 　　電池總反應：$Zn + Cu^{2+} \rightarrow Zn^{2+} + Cu$
實驗結論與心得感想	一、結論 (一) 水果愈酸（PH 值愈小）愈好，電力愈強。 (二) 兩極（鋅銅片距離）愈靠近愈好。 (三) 兩極（增加鋅桐片）的數量愈多愈好，但有一定的值。 (四) 與果肉接觸面積愈大愈好 (五) 以水果的汁液研究愈好（比較沒有電阻及干擾）。 (六) 補充…… 　1、加入食鹽愈好，但有一定的值。 　2、溫度愈高愈好。 　3、活性差愈大的金屬愈好。

PS.金屬的離子化傾向（向左漸大，向右漸小）

摘自 http://content.edu.tw/junior/phy_chem/ty_lk/sir/content/cph8/c1001.htm

二、心得與感想

　　很可惜，今天我們的燈泡不會亮，代表實驗沒有成功，害我們失望了一下。這次我們這組準備了很多不同的水果，像是蘋果、檸檬、柳丁、橘子等……他們測得的伏特值各有不同，其中我們測得最高的是檸檬，有 0.56 伏特，只是值再高好像都沒有用，即使用了老師說的聯結，我們水果的電力還是異常的微弱，一開始竟然怪到用同樣的水果，但兩組所測出來的值落差相當大，大約差了 0.4～0.5 之多，讓我一度懷疑是我們的電表壞了，或者是跟水果不新鮮有關，另外我們還用了許多種方法，像把鋅銅片合在一起、兩個水果接在一起、調整鋅銅片的距離等……後來得知別組用擠出來的汁測得的值比較高，所以又擠了很多汁，還是沒有用，氣到就乾脆將所有水果的汁液混在一起試，導致整個桌面髒亂不堪。本來說只到 2 伏特就可以發亮了，但是拿電池測得要 3 伏特才亮，那我們這組豈不就要靠 6 棵檸檬才亮的起來，幸好在最後關頭別組的實驗成功，讓我有機會看到燈炮亮起來，要不然到最後我一定帶著一大堆疑問離開。他們是用了聯結的方法將很多橘子用鋅銅片、電線聯結起來，雖然微亮，但這也證明了水果確實是有著能讓燈泡發光的電力。

附註	一、各種電池的比較

電池	正極（＋）	負極（－）	電力（V）
乾電池	碳	鋅	1.5V
水銀電池	鉛	汞合金	1.3V

鉛蓄電池	二氧化鉛	鉛	2.0V
鹼性電池	氫氧化鎳	鉛鎘混合	1.2V
伏特電池	銅	鋅	1.1V
水果電池	銅	鋁	0.4V

二、影片教學 http://www.tsstudy.com.tw/testing/gomagic/lesson/
n118w02.htm

生活中的科學──實驗報告		
學生	班級：語二甲　學號：9102012　姓名：伍孔德安	
指導老師	林自奮	實驗日期
		2004/2/22
本周實驗 主題	彩虹、光的折射	
生活相關 例子	用噴霧器噴出許多小水珠，陽光照射到小水滴會產生折射，因而將陽光色散成七色光，所以可看到彩虹。下雨後，天空中還飄浮著許多小水珠，使陽光折射後產生色散現象，形成了七色彩虹。日常生活中有許多地方都可看見彩虹，例如：吹泡泡時所吹出的泡泡上面，噴水池所噴出的小水滴上，下雨天地面上的油漬，陽光穿過水晶玻璃或照在水稜鏡時……，都會產生色散而形成彩虹。	
實驗目的	要討論色彩究竟是什麼，就勢必先得談談色彩與光的關係，為什麼呢？想一想，沒有了光線你能不能看到東西，幾乎不行對不對，沒有了光線，或是光線不充足，你能不能清楚分辨物體的顏色，很難對不對，光線之於色彩，並不僅僅是「看不看的見」的問題，事實上，物體的顏色其實正是由光的色彩所賦予的。透過實驗，了解彩虹形成的原因與光的折射原理。	
實驗原理	物理學家牛頓為了要找出光的色彩，他曾經做過這麼一個實驗，他設計了一間暗室，在這間暗室中刻意讓一束光線射入，再讓這束光線穿透過三稜鏡，再經過三稜鏡的重重折射之後，竟然分解出紅、橙、黃、綠、藍、靛、紫這七種色彩。藉由這個實驗，我們可以了解，原來平時看起來似乎是白色透明的光，其實是由七種色彩混合而成的結果。 	

實際上，彩虹的產生原理和牛頓的這個實驗很像，同樣也是透過重重折射，而分解出光的色彩，只不過在實驗中所使用的是三稜鏡，在大自然中，則是透過空氣中的小水滴來折射分解，這也就是為什麼彩虹總在雨後出現的原因了。

一、折射定律：空氣折射率＝1；水折射率＝1.33。

(一) 入射線與反射線分別在法線的兩側，且此三線在同一平面上。

(二) 光線從光速快的介質射到光速慢的介質（如由空氣進入水）時，折射角小於入射角，即偏向法線。

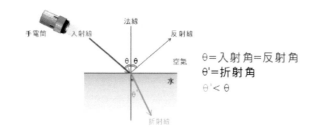

(三) 光線從光速慢的介質射到光速快的介質（如由水進入空氣）時，折射角小於入射角，即偏離法線。

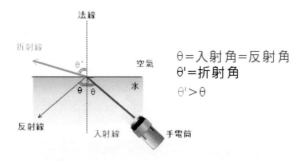

實驗所需的器材或儀器	三稜鏡、鏡子、水盆、雷色筆、厚紙板、各色筆、手電筒

一、三稜鏡

陽光經過三稜鏡後，會產生折射，而把陽光色散成七色光。

(一) 討論：

1、通常我們所見的陽光是白色光，它是由紅、橙、黃、綠、藍、靛、紫七種顏色的可見光，和紅外線、紫外線等不可見光混合而成的白光。

2、當陽光進入三稜鏡後，由於各種色光折射的角度不同，於是就會色散形成彩虹。

二、雷射光

在日常生活中，雷射光處處可見蹤跡。小至雷射光筆、CD 唱盤，大至醫療、工業上使用。到底雷射光與一般的光有什麼不同？

(一) 雷射光的性質：

1、雷射光是單色光。普通的光源產生的光通過三稜鏡後會產生色散現象，但雷射光不會，因為雷射是單一顏色的光。一般常見到雷射光都是紅光雷射，此外尚有其他顏色的雷射光，例如綠色、藍色。

2、雷射光束細而直。夜晚時，以一般的手電筒照向遠處，光線會散開成錐狀，無法照射很遠。但若以市售的雷射光筆指向三、四十公尺外的物體，在物體表面上依然可清晰看到雷射光照射所產生的紅點。將雷射光向天空照射，即使傳播很遠的距離，依然看到光線是一細小光束直射向高空。

3、雷射光能量集中。因為雷射光束是細小而不散開成錐狀，所以光線的能量也集中。有些高能量的雷射光甚至可用來切割物體，這些雷射光在使用時眼睛是不能直接正視的，否則會造成視力傷害。即使是能量最弱的市售的雷射光筆，也不可以直接照射他人的眼睛。

實驗過程	三、光纖（Optical fibre） 　　光纖原名「光學玻璃纖維」。從外表看來，它只是一條比頭髮還要細長、柔軟而又透明的玻璃絲。但是把一束光纖放在小燈泡上面，燈光卻可清楚的傳到光纖的另一端去：我們在百貨公司常可看見閃閃爍爍、宛如星光點點的裝飾燈，就是利用光纖來做光導管的。光線從末端進入光纖後，由於全反射（total internal reflection）的發生，光線可沿著光纖繼續前進，達到傳送訊息的功效。 　　光纖可分為兩類，第一類（Step index fibre）是由折射率（refractive index）高的核心（core），包裹在玻璃纖維外殼（cladding）內所製成的雙重構造物。內側的折射率大，而外側的折射率小，因此光纖折彎時，由於全反射（total internal reflection）的發生，光線沿著光纖繼續前進。這類光纖較幼，，適合短距離的訊息傳送。 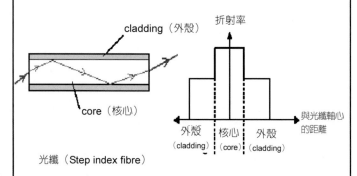 光纖（Step index fibre） 　　第二類（Graded index fibre），可作長距離的訊息傳送，其折射率會隨著與光纖軸心的距離增加而減少。 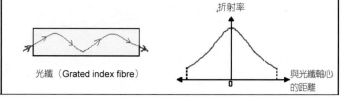 光纖（Grated index fibre）

實驗所得的數據結果	彩虹可分為虹和霓，皆是光的折射作用。 　　「虹」形成原因是光線以一定角度照射在大氣中無數的水滴，再經過折射、分光、內反射、再折射等光學過程所造成的大氣現象。此現象若由太陽光線產生者，顏色鮮明；由月亮光產生者，則色澤黯淡。 　　如下圖所示，當太陽光線進入水滴內，陽光中各色光的折射程度不一樣，紫色光波長最短，其折射程度最大；紅色光波長較長，其折射程度最小。其餘各色則介乎其間，因此形成了一條內紫外紅的光圈，所以我們看到的是內紫外紅的彩色光帶，它的視角（從地面至虹頂的角度）約為 42 度。 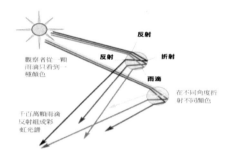 　　「霓」亦稱副虹，和「虹」的不同僅在於形成過程中光線在雨滴內產生二次反射。因此，光線通過雨滴後射到我們眼內時，光弧彩色排列與虹正好相反，即是內紅外紫的彩色光帶。霓視角約為 50 度，與正虹為同心圓弧。偶而大氣中會出現三次虹及更高次虹，但因光度低極為罕見。
實驗結論與心得感想	彩虹的形成是角度問題，不是地點問題，陽光來的方向、小水滴的分布、你站的地方……決定你看到彩虹的地點。所以碧鳳說的一點沒錯──每一個人所看到彩虹都不一樣，因為到達每一個眼睛裡的光線都不同，因為同一束光既然已進到你的眼睛，就不可能時進到另一個人眼睛，那是多麼神奇的一件事啊！

| 附註 | 　　晚上時可否利用月光製造彩虹呢？理論上只要是平行光源（太陽、月亮距離我們非常遠，可視為平行光），就能製造出彩虹。但是，月光本身已經是反射太陽光而來，它的亮度大約只有太陽的十八萬分之一，非常微弱。加上彩虹的產生，是光的折射與反射的結果，因此，即使產生了月光彩虹，也因光度太弱，眼睛無法辨識！ |

生活中的科學──實驗報告		
學生	班級：初二乙　學號：9101081　姓名：邱馨誼	
指導老師	林自奮	實驗日期	2004/5/27
本周實驗主題	酸與鹼	
生活相關例子	一、胃酸過多時可以吃蘇打餅乾 二、可以用醋來洗熱水瓶 三、洗廁所用鹽酸，會洗得很乾淨 四、醋酸倒掉之前必須先加入蘇打水才不會造成污染 五、身體裡有消化液和胃酸同時存在（為了幫助食物的消化而後不傷害胃的情況下，我們的身體裡兩樣液體同時存在） 六、被蚊蟲咬或是蜜蜂叮螫時，牠們的分泌物中，含有甲酸（又稱蟻酸）屬酸性，所以在傷口塗上鹼性的氨水或肥皂水、尿液，讓它產生中和現象，就能消腫止痛。 七、泥土中摻和適量的石灰或碳酸鈣，可使酸性過重的土壤變成良田。 　1、洗廁所時所產生的二氧化碳是因為稀鹽酸和廁所地面磁磚中的碳酸鈣起作用所產生的。	
實驗目的	一、知道如何使用試紙來測試酸與鹼 二、瞭解何者為酸的定義與 pH 值的範圍？何者為鹼的定義與 pH 值的範圍？ 三、瞭解生活中某些溶液的酸鹼性 四、瞭解酸與鹼的顏色變化與 pH 值的大小 五、一些生活中溶液所分解出來的式子	
實驗原理	一、溶液中能解離或產生氫離子的物質稱為酸，而能解離或產生氫氧根離子者稱為鹼。 二、當試紙遇到強酸性時，試紙會呈現紅色；而遇到強鹼時，試紙則呈現藍色。 三、pH 值與水溶液酸鹼性（pH 值是介於 1～14： 　(一) 在酸性溶液中，pH＜7。（pOH＞7） 　(二) 在中性溶液中，pH＝7。（pOH＝7）	

	(三) 在鹼性溶液中，pH＞7。（pOH＜7） 四、常見的指示劑的顏色變化

<table>
<tr><th>指示劑</th><th>測到酸的顏色</th><th>測到鹼的顏色</th><th>變色範圍 pH</th></tr>
<tr><td>石蕊</td><td>紅</td><td>藍</td><td>4.5〜8.3</td></tr>
<tr><td>酚紅</td><td>黃</td><td>紅</td><td>6.4〜8.2</td></tr>
<tr><td>酚酞</td><td>無</td><td>紅</td><td>8.3〜10.0</td></tr>
</table>

(一) $HCl \rightarrow H + Cl^-$
(二) $HNo3 \rightarrow H + No3^-$
(三) $H2Co3 \rightarrow H + Co3$
(四) $NaOH \rightarrow Na + OH^-$
(五) $Ca（OH）2 \rightarrow Ca + 2（OH）^-$

實驗所需的器材（或儀器）	1、石蕊試紙*1 包 2、滴管*1 隻 3、化妝水 4、豆漿 5、甘蔗汁　→ 要測試的物品 6、拭手巾 7、口紅膠 8、膠水 9、嬰兒牛奶沐浴乳 10、奶精球
實驗過程	將所要測驗的物品（化妝水、豆漿、甘蔗汁、拭手巾、口紅膠、膠水、嬰兒牛奶沐浴乳、奶精球）沾一點點在石蕊試紙上面，觀察試紙上的顏色，再對照顏色與 pH 值，就可以測驗出酸性或鹼性的強度了。

實驗所得的數據結果	物品	pH 值	酸鹼強度
	化妝水	6.0	弱酸
	豆漿	7.0	中性
	甘蔗汁	5.0	弱酸

	拭手巾	5.0	弱酸
	口紅膠	9.0	強鹼
	膠水	5.0	弱酸
	嬰兒牛奶沐浴乳	5.0	弱酸
	奶精球	5.0	弱酸
實驗結論 與 心得感想	雖然這節課裡我向別的同學借來的很多東西測試，要不是經過這次的實驗，有許多東西我一直以為它是中性的但卻不是，是鹼性的卻偏偏也不是，幸好有發現我之前的觀念是錯誤的，不然的話有可能就要鬧笑話囉！		
附註	在測試酸與鹼時，不要用手直接去接觸液體，改使用滴管較為適當，以免造成危險。		

生活中的科學——實驗報告（化學類）		
學生	班級：語三甲　學號：9002037　姓名：吳蕙君	
指導老師	胡焯淳教授	實驗日期	2003/9/25
本周實驗主題	一、實驗室安全衛生講述。 二、氣體的製備。	
實驗目的	透過簡單的化學實驗，以瞭解 CO_2、H_2 和 O_2 等氣體的製造過程。	
實驗原理	一、製造二氧化碳：$Hcl + CaCO_3 \quad CO_2\uparrow + H_2O + \sim\sim$ 二、製造氫氣：$Hcl + Mg \rightarrow H_2\uparrow + Mgcl$ 三、製造氧氣：$H_2O_2 + MnO_2 \rightarrow O_2\uparrow$	
實驗所需的材料或儀器	一、製造二氧化碳：鹽酸、盛水的透明箱子、貝殼或大理石（含碳酸鈣成分）、拜拜用的香 二、製造氫氣：鎂帶、鹽酸、香 三、製造氧氣：雙氧水、馬鈴薯或茶包（含酵素）、二氧化錳、火柴 四、三實驗所需共同器材：注射用針筒、三通、透明空罐、熱熔膠槍	
實驗過程	一、製造二氧化碳： (一) 將盛水的透明箱加入少許鹽酸稀釋，加入小蘇打粉，並趕快蓋上，等待反應完成。 (二) 將透明空罐的蓋子打孔，裝上三通後，以熱熔膠槍黏緊孔縫，空罐內裝滿稀釋後的鹽酸，在三通孔的上方裝注射針筒，裡面放置貝殼，將空氣壓出。針孔往上拉，空罐裡的水一開始被抽出，後與貝殼作化學反應產生氣體，故水位重回，針筒內充滿反應後氣體。 二、製造氫氣： 　　將鎂帶剪一小段放入針筒內，擠出空氣；再將空罐裝滿稀釋後的鹽酸，如同實驗一中（2）的做法。 三、製造氧氣： 　　針筒放入馬鈴薯，將裝有雙氧水的空罐如實驗一中（2）的做法。	

實驗所得的數據結果	一、製造二氧化碳： 　(一) 將泡泡吹入透明箱子中，可見泡泡在箱子內飄浮不沉。 　(二) 點燃香放入針筒，則香馬上熄滅。 二、製造氫氣： 　　　產生氣體後，點燃香放入，則香馬上劇烈燃燒，產生氣爆後熄滅。 三、製造氧氣： 　　　產生氣體後，將點燃的火柴放入針筒內，火柴會劇烈燃燒一段時間。
實驗結論與心得感想	這禮拜由於第一節課大都在講述實驗室的安全衛生，故第二節課大都看老師做實驗，無法實際操作，對實驗的細節也未能很清楚記得；但重新接觸元素表，國中所做化學實驗的記憶，卻逐漸鮮明。

　　由以上實驗報告得知，學生能從課程中充分理解學習到當週的
議題，而達到本課程開課之目的。且由以下各學期學生教學反應調
查顯示本課程頗受學生肯定。

學期	必選修	開課班級	科目代碼	教學大綱	科目名稱	學分	學生評量
97-1	選修	大二	UGE3S112	V	生活中的科學	2	5.44
96-2	選修	大二	UGE3S112	V	生活中的科學	2	5.35
96-1	選修	大二	UGE3S112	V	生活中的科學	2	5.2
95-2	選修	大二	UGE3S112	V	生活中的科學	2	5.25
95-1	選修	大二	UGE3S112	V	生活中的科學	2	5.23

科學史於通識課程中的教學表現
——以「科學家列傳」為例

黃惠信

壹、緣起

　　1999 年國立臺東師院欲在全校通識課程做改進的新規劃，由於個人前已在數理系自然組有開過系上的選修課程——「科學史」，因此鼓勵了自己繼續延用科學史為主要內容的通識課程。首先是開授「科學與宗教」，課程是從人類歷史的進展去探討科學與宗教互為影響的課程，其中特別以伽俐略事件及達爾文的演化論中科學與宗教的衝突來說明科學之進展。另一為「科學家列傳」，本課程則是藉由從古至今重要的科學家介紹，讓學生瞭解科學在人類歷史中所造成的結果。本篇文章主要敘述了「科學家列傳」課程的發展實施經過以及課後的一些個人反思。

貳、課程的發展

　　一個課程的發展需要從其課程的目標來思考設計起，「科學家列傳」這個課程主要是規劃在學校的通識課程內的科學科技類別的

一個課程，因此這個課程有著通識教育的目標以及自然科的教育目標的兩方面的思考。

一、對通識教育目標的認知

通識教育是大學教育裡非常重要的一環，通識教育的目的為何？通識的課程究竟要影響大學生什麼？這些的思考影響著課程的規劃與設計並課程的進行。

通識教育的目的：

1. 就個人而言是培養健全的人；就團體而言是培養共識，即生命意義、歷史文化、政治素養和人類前途的共識。
2. 「通識教育」的方法是運用人所具有的特質──理性、道德、價值、觀念、自由意志等，幫助個人充分發展潛能、發揮人性。
3. 「通識教育」乃在培養一個健全的人應有的知識、技能與情意。
4. 「通識教育」要培養的良好技能包括：表達、溝通、綜合、分析、了解與批判等能力。
5. 「通識教育」要陶鑄的情操包括：追求自我實現、尊重他人價值、熱心社會問題、珍視民族文化、善盡國民義務以及關懷人類前途[1]。

另通識教育是相對於專業教育，其目的是達到統一知識，即是知識與知識的結合，因此課程應該能夠統整相關的知識[2]。在如此觀念的影響下，個人設計的課程涵蓋有科學內的次領域並其他領域，例如介紹達文西時，會引導學生將其藝術領域與科學領域結合。總

---

[1] 摘自黃俊傑，《我國大學校院通識教育評鑑理論與實施之研究》，中華民國通識教育學會，86。
[2] 溫振源：〈以學生事務的角度觀察博雅教育的表現〉，2005

之,讓學生在「主學習」部份,有科學史目標的教導,在「副學習」部份則介紹討論一些科學概念在生活的應用,最後在「輔學習」則讓學生在情育態度與價值上有所薰陶與雕塑。

二、對科學史目標的認知

一般人都祇認為歷史是過去的事蹟,但進一步拆解歷史的英文字——history,便成為 his story,就成為他的故事或一個人的故事的定義,也因此有人認為歷史學家的任務就是在講故事。雖然基本上歷史是過去的事,是他人的故事,但其實我們也常感興趣去探索它能帶給我們有什麼省思?也就是較關心對我們目前以及未來有何警惕?「鑑古知今」就是這個意思。因此史學的課程或內容並不是祇談論過去的年代、發生的事件及其中有何人物而已,更重要的是要能讓現代的人記取過去教訓好邁向未來。同樣的科學史(history of science)從字面的意義就是科學的歷史,甚至有人認為科學史其實就等於科學本身(History of science is science itself.)。延續對歷史定義的拆解,科學的歷史也可以說成是科學的故事,由於有故事的意函,科學史也常被視為科學的文學。另外由於科學是人的活動,因此科學的故事或可轉變成科學家的故事,提及透過科學家的傳記我們可以補捉到真實的科學史。而學習科學史究竟有何目的或科學史有何功用?培根早在 15 世紀就談到提倡科學必須從科學史著手不可[3]。在《西洋科學史》這本書中列了許多對科學史的目的或功用的看法:「凡治一種學術而欲有所發明,則必知前人治之之情狀,明其致力程功之跡,然後不致空耗日力而有徘徊歧路之悲是科學史之所以為治科學者必讀之書

---

[3]　尤佳章譯:《西洋科學史》,1917

也」[4]、「科學史者科學研究之輔助者」、「科學史對於研究哲學者予以純一之進程，對於研究外國語者予以新穎之興趣」、「科學史可以鼓勵學者應用其智識開示現代複雜之文化助人以發見發明之能力」、「科學史可授諸各宗教各種族之人民可以使青年男女增益其人類進步之信仰及對於全人類之善意」[5]等。另於《科學的生命》書中也提及科學史的作用如「它使我們懂得我們全部知識的相對性和不確定性；它使我們的判斷力敏銳。它使科學家不僅僅是科學家，也是普通人和公民」（喬治薩頓 民79，頁50）。分析以上這些文詞的表達，科學史對不同的人應可有不同的企求，例如理工科系的學生需要從科學史知道科學科技過去之發展以幫助現階段發明的改進，因此在通識課程中科學史要如何表現，也許和在專門學術課程的要求就會有些不同。基於上述的認知，加上個人的學習歷程，啟動了規劃「科學家列傳」這樣的課程。

參、「科學家列傳」課程的實施

一、課程之內容

本課程是以傳記介紹的方式。傳記即記載一個人的事蹟以傳於世，「傳記可以讓學生發人深省的，因為作者的生平事跡、心路歷程，無論是高潮順境，或是逆境低谷，都會帶給我們不同程度思想的撞擊，給予心靈新的啟發與亮光」[6]。而科學家的傳記則是以科學家為

---

[4] 摘自《西洋科學史》馮序，頁1
[5] 摘自《西洋科學史》原序，頁1-2
[6] 摘自網站，吳秀蘭，〈體現「環保惜福」的希望之書〉

考察對象，記載科學家對人類有貢獻的科學性重要發現或發明等。
因此期望透過科學家的故事可以讓學生瞭解科學家個人生活的背
景、或在研究工作時所表現努力不懈或冒險患難的精神。同時透過
對科學家的介紹，學習者能知道，「作科學研究的不是天使，而是
人」，「科學家不僅跟常人一樣有不完美的一面，最高尚的科學活動
也脫離不了人類的偏見與主觀」（《科學迎戰文化敵手》，頁 25），
或「科學研究絕對不是在死板的框框中以完全客觀的方式進行；科
學發現與創作過程充滿了個人的風格色彩，點綴著錯誤、運氣與靈
感」（《吃角子老虎與破試管》，導讀　頁 8）。總之，優秀科學家的
傳記可以把青春時期的想像引導至最好的方向，讓學生能夠不僅瞭
解科學的發展，亦能有創造想像的空間。

　　本課程所涵蓋的歷史時期從希臘時代至 20 世紀，其間再依照科學
史家對科學的發展階段作細分，選擇該時期較出名的科學家作為主要
介紹對象。在如此規劃下，本課程曾陸續選用了下列兩本書作為教科
書，方便學生配合教學。一為《站在巨人肩膀上》，副標題為史上最偉
大的 12 科學家，是先覺出版社於 1999 年中文出版，由 Melvyn Braggt
著，周啟文先生譯。由於出版的書不多，因此上了幾學期後就訂不到
書了。因此改為《從亞里斯多德以後》這本書，副標題為古希臘到十
九世紀的科學簡史。它的作者為簡史恩斯特、費雪，譯者則為陳恆安，
由究竟出版社於 2001 年 10 月出版。在這本書的前言有提及下列的文
字：「閱讀本書能讓你了解西方科學文明的演變歷史，更是你認識科
學大師、踏入科學大門的第一步；唯有閱讀此書，才能真正讓你『站
在巨人的肩膀上』，望向更遠、更美好的科學景緻」。如此陳述的確相
當符合本課程的名稱及教學目標，因此這本書就成為接替的教科書。
除規定學生必須購買的一本教科書，教學者也列出其他與這兩本書接

近的參考書籍如 1.《人物科學史（上、下）》牛頓科技大百科牛頓出版公司、2.《不朽的科學家》洪建全文化基金會出版等，提供作為學生參考。另外也於每個單元或針對每一科學家列出相關的參考書籍（詳見附錄一），以利學生能夠進深考查，做上課時的報告分享。

二、課程的目標

本課程主要歸類於通識課程的自然領域，因此首先設定了科學史學科的目標——讓學習者認識在不同時代環境下的科學家他們是如何的成長，如何成就其事業，並其貢獻對社會所造成的影響；接著是自然科學領域的目標——希望學習者能瞭解科學的本質即科學是什麼？譬如科學不僅是科學知識，更是一種社會文化的狀態，甚至是一種價值實踐與行為方式[7]。最後在通識教育的目標則著重在學生的情育價值態度方面的建立，如「好的科學是要靠好的科學家推進的，而好的科學家靠的是那股熱血沸騰的熱情賜與的力量。如果科學家不投下深厚的感情，就不可能做出好的科學。那一份感情的投資，會化成一股推動他們的原動力，使他們能夠面對無數嚴酷的、而且經常令人筋疲力竭的工作時光」[8]。另外也因教學手段的使用，希望學生能夠在學習過程中培養小組團隊合作和互相討論或刺激學生多作思考或引起學生閱讀的興趣，並進一步建立閱讀的習慣等通識教育的目標。

三、授課的方式與流程

本課程每個單元大致上是先由老師簡單的介紹該科學家所處的歷史背景，然後就由小組（課程最早是只安排一個人的方式，第二

---

[7] 陳瑞麟，《科學與世界之間》，2003
[8] 摘自 Sciscape 網站，〈不只是窗口〉

次開課起就改以分組方式，讓同學們能互助合作）來報告該週的科學家的生平、重要事蹟、科學發現、該發現對社會的影響等等，而報告的內容、方式或時間多寡皆讓學生主導，其主要目的是讓學習者能夠自主的學習，當然報告前需與教師有事先的協調以確定報告的內容與所需的時間。課堂上學生報告完後，再由老師對學生作評述或作補充，接著進行該單元的一些科學活動或主題思考，讓學生也有操作、有思考的時間，而不是祇坐在椅子上被動的接受資訊而已，單元結束前教師再作最後的結論。而在結論時會以單元科學家的名言來和學生共勉，讓學生能夠獲得激勵。例如達文西曾說過「一日充實，可以安睡。一生充實，可以無憾」。或是電機之父法拉第也曾說過「真正的教育就是自修」。學生上課時必需於課堂中繕寫個人的學習內容，格式範例如附錄二，而於次一週上課後繳交。主要目的是希望學生能學習作筆記，練習提問問題，文詞表達的練習等等，教師個人也會依此作評量。次要目的則能避免學生作其他事，當然也有點名的功效。

四、課程的評量方式

主要分為下列幾項：1.閱讀教科書之傳記人物之學習心得或上課的學習單，本部份佔總成績的一半。在此項作業上期盼學生能準時上課、學習整理筆記、並個人寫作的練習等用意，因此在評量基準乃採內容的質與量各佔一半的方式。2.每位學生需選擇一位科學家作一深度探討整理後上臺報告（有時是以小組方式為之），這個部份佔總成績的百分之20，其細部分配則為購買書籍佔30%、上臺報告時之表現40分、書面資料繳交佔30分。3.期末整理乙份（含期末心得一篇）佔有15%的份量。此項成績的評量基準為整理需按照

上課日期順序,並需將個人學習單、隨堂資料活動單、額外資料等所有資料作整理。4.最後一項是上課討論參與佔的比例有 15%,其中強調上課的出缺席,每次缺席扣總成績 3 分,三次缺席則重修,此乃希望學生能多於課堂上多發問、多討論等。當然每次的評量並不一致,有時候會有比例上的變更或評比項目的變更等。

肆、檢討

一、實施成效

　　本課程確實提供學生在化學與生活、資訊科學、環境與人等通識自然課程不同的選擇機會,當然也讓學生對科學的整體發展有完整的認識,藉此瞭解到科學不祇是枯燥無味冷冰冰的知識,科學也可以是由充滿熱情的科學家的各式各樣不同的表現。另外在不同的單元下的思考主題如好奇心、創造力、宗教信仰、性別與科學、科學的社會責任、團隊合作、民族文化、臺灣科學教育等,都能提供學生思考的機會,因此而協助剛進入大一的同學對這些主題能先有些微的思考與認知,相信爾後也可以和其他的課程結合起來成為面的瞭解。個人認為如此通識課程的跨領域、跨主題的探討應該可以使不同的學習者有不同的獲得,並作為進深學習的基礎。

二、個人反省

　　本課程實施幾學期後,個人覺得尚有可以改進的地方,如 1.由於排課的時段學生會有缺席的狀況,因此最好能夠要求學習單應含

有當天的學習情形記錄，如此才能更確實的掌握學生的學習情形與
出缺席，以免造成評量上的不公平。2.由於選課的同學大部份仍然
屬於所謂的文組學生，為了不讓學生祇知道科學的發展（所謂的
about science），希望亦能在科學的知識（of science）有較多的學習。
因此上課仍舊需要多著墨於科學基本知識的介紹，進而加以測驗，
以擴大其知識架構。3.從所列的評量項目中似無法確切地測出學生
在情育價值態度方面的表現，因此也許需要考慮設計相關測驗的方
式以確定目標的達成。

伍、結語

　　溫柏格先生曾說「我以為教導大學生科學的最好方法，就是讓
他們品嚐科學史的歷程，無論如何，科學祇是人文歷史的一部份，
而我更相信它絕非最無趣的一部份。」（《科學迎戰文化敵手》頁
25），因此個人相信以科學史為軸線所設計的「科學家列傳」這個
課程，應可讓選課的學生覺得本課程的重要，並「可以讓理工科
學生認識到其專業知識中的人文成分，進而反省其侷限性，以免
被科技工具之實用性所誤導而造成獨斷的科技意識。而對於主修
人文學科的學生而言，瞭解科技思維的邏輯與方法與知識演化過
程，也能幫助他們親近科技的知識體系，以免擴大人文與科技的
鴻溝」[9]。

---

[9] 摘自 2006 科技史與通識教育研討會理念的陳述。

陸、參考書目

Walter Libby（1917），《西洋科學史》，譯者：尤佳章，臺灣：商務印書館。

金耀基（民 72），《大學的理念》，臺北：時報出版。

喬治薩頓（民 79），《科學的生命》，譯者：陳中人，臺北：結構群。

黃俊傑（民 86），《我國大學校院通識教育評鑑理論與實施之研究》，中華民國通識教育學會。

陳瑞麟（民 92），《科學與世界之間》，臺北：學富文化。

溫伯格（民 92），《科學迎戰文化敵手》，臺北：天下文化，頁 25。

（註：本篇文章曾於 2006 年發表于國立勤益技術學院，科技史與通識教育研討會論文集，P.139-150。）

附錄一

國立臺東師範學院第 92 學年第 2 學期教學計畫及進度表

科目中文／英文名稱：科學家列傳／The Scientist		系別年級／科目屬性：大一通識課程	
學分數／時數：2/2	上課時間地點：Thur. S501a	任課教師：黃惠信	研究室：S501b
連絡電話：（O）318855-2551（H）334798		E-mail:huhs@cc.nttu.edu.tw	
教學目標： 1、經由歷史進展的角度介紹代表性的科學家讓學習者認識在不同時代環境下科學家如何成長、成就其事業，並其貢獻對社會造成的影響。 2、並藉由本課激發學生閱讀的興趣並建立閱讀的習慣			
購買書籍： 《站在巨人肩膀上》，先覺出版社 OR《從亞理斯多德以後》，究竟書局			

週次	日期	教學單元與重點	活動方式、參考書籍與備註
一	2/19	課程說明準備分組＆科學的歷史	《科學簡史》三民書局 《科學與歷史》桂冠圖書 《歷史是什麼？》書林
二	2/26	希臘時代的自然哲學家——阿基米德	錄影帶→講解原理→實作：浮沉子
三	3/04	中世紀的自然哲學家——達文西談好奇心 ＆ 作好奇心的活動	《達文西——科學第一人》，貓頭鷹書房看米開朗基羅錄影帶的片段
四	3/11	培根、哥白尼 OR 阿維森納等	《培根》，書泉出版社 《阿奎那／哥白尼》，書泉出版社
五	3/18	1564-1642 伽俐略（物理）論科學革命 ＆ 科學與社會環境＆（斜面的介紹）	《伽俐略的女兒》，時報文化出版 《伽俐略》，時報文化出版 自由落體實作活動
六	3/25	1642-1727 牛頓（物理）	《牛頓》時報文化出版

		說明萬有引力&光的介紹）談創造力	錄影帶欣賞（運動）及製作望遠鏡
七	4/01	1743-1794 拉瓦錫（化學） 作實證的學習單	《科學發現的哲學》，水牛出版 《拉瓦錫》，牛頓出版 錄影帶欣賞（實驗 DIY7&8）
八	4/08	1791-1867 法拉第（物理化學） 作自修的活動	《法拉第的故事》，文經社 錄影帶欣賞（實驗 DIY15-17） 電磁效應實作
九	4/15	1809-1882 達爾文（生物） 談宗教信仰	《達爾文──改變人類思想的科學家》，牛頓出版社
十	4/22	電影欣賞　片名：居禮夫人	
十一	4/29	1867-1934 居禮夫人（化學） 談性別與科學	《居禮夫人》，天下文化&志文出版社 分享 or 辯論「新女性主義」
十二	5/06	1879-1955 愛因斯坦（物理） 談科學家的個人特質	《愛因斯坦》，天下文化
十三	5/13	1928-華森（生命科學） 談科學家的社會責任 & 團隊合作	《雙螺旋鏈》，時報
十四	5/20	中國的科學家──楊振寧、李政道等 談民族文化	《吳建雄傳》，時報 《典範永存》，遠流
十五	5/27	本土科學家──李鎮源、李遠哲等 談臺灣的科學教育	《臺灣蛇毒傳奇》，天下文化 《線索》，天下文化 《肝炎聖戰》，天下文化
十六	6/03	新科學家──比爾蓋茲、珍古德等 談新科學觀	《熱血夢想非洲》，遊目族 《爬樹的女人》，先覺 看機械人錄影帶
十七	6/10	結論：科學與人（自我回顧）	《科學大師的求學戀愛與理念》，文經社
十八	6/17	期末考	

附錄二

「科學家列傳」學習單範例

科學家名字	
科學家的生平（含科學家趣事或社會、家庭對該科學家成長的影響）	
科學家的科學研究（例如公式等） （含該科學家的事業成就對社會的影響）	
科學家名言及該科學家的啓示	
本單元課程問題	
其他	

學生姓名		日期	

通識課程「科普經典閱讀」發展報導

黃惠信

壹、緣由

　　92 學年之前臺東師院通識中心所開設的「思維與寫作」課程是全校同學必修的課程，並且是劃分在通識課程的語言與思考工具類的課程，當初目標是希望藉由本課程來培養職前教師的思考與批判之能力。92 年八月師院改制為大學，加上第二梯次提昇大學基礎教育計畫，本校提出了「閱讀與寫作」的子計畫，由於個人當時剛擔任通識教育中心的主任，認同學校針對師院時代的「思維與寫作」課程欲有新的改變，也同時配合計畫的進行，發展了一門開設在全校通識課程數學科學科技類的經典閱讀課程，課程名稱為「科普經典閱讀」，並於 92 學年上學期率先實施。過後，學校其他科系幾位老師也陸續在語言與思考工具學門開出經典閱讀方面的課，諸如閱讀文學經典（由三位老師協同）、小說經典閱讀——魔幻〈西遊記〉、史學經典閱讀——史記、經典閱讀——人類的演化與教育等課。[1]

---

[1] 參考臺東大學通識教育中心網站登錄的課程資料，有興趣者可自行上網詳看其他經典閱讀的教學大綱。本課程也於 92 學年下學期起歸屬為語言與思考

貳、思考

一、諮詢意見

　　由於計畫需要甄詢專家學者的意見，也因此藉由諮詢者的意見，幫助自己有著更廣闊的思維。底下為幾位諮詢者的意見：[2]臺灣師大生物系林教授認為「思維與寫作之目標應強化學生組織建構整理之能力，亦即思維能力之表現行之於外的寫作表現。因此認知思維與寫作這樣的課程最好能融入所有理工之課程內，不需另設一單獨課程，讓所有任課教授都能夠多利用紙筆表達的方式來訓練學生思維和寫作；例如要求學生針對文章作摘要、或考試時多出申論題、解釋名詞等方式，讓學生因此能有思考和寫作的機會，因此而來提升其組織建構整理其學科專長之能力」。國北師數理教育系耿教授也認為閱讀與寫作高度相關應該合併成一個課。開課學分可以是一學期 3 學分 3 小時，若是一學年的課可以為 4 學分 4 小時。排課於大一或大二。課程名稱可以是科學閱讀與寫作或自然科學閱讀與寫作。教學內容則選擇自然科學為主題的科普讀物為教材，並可有英文之讀物。花蓮師院國小科學教育研究所劉教授則認為學校欲藉經典寫作的課程來提昇目前大學生的聽、說、讀、寫的基本能力是相當不錯的方式。對於經典閱讀應重視討論、甚至採辯論的方式來深化學習，若能再藉用網路的主題探索方式，則更能統合學生的電腦、自然、語文等能力。最後也建議課程之內容也可以和生命教育作結合，以啟發學生遠大的志向建立高尚人格。國北師數理教育系

工具學門內的一個科目。
[2]　參考臺東大學第二梯次提昇大學基礎教育計畫訪談資料。

何教授則認為可以科普的資料如科學史、科學家的故事作為教學的內容，可藉此增加學生對科學人文的興趣並熟悉科學知識的演進，例如 Petri dish 培養皿的故事。另外科學發展月刊內的文章可作為課程之參考資料。高年級則開授科學論文的課寫作，而以通俗性論文的方式為之。臺灣大學生物環境系統工程系張教授則認為若要讓學生在思維與寫作有成長，課程的設計要能讓學生多看書，看完書後讓學生作摘要，進而書評，更進一步可要求作完整的報告。另外寫寫科學家的傳記事也應該是一個很好的做法。張教授順便介紹了幾本書作為指定學生閱讀的書籍，如愛麗絲漫遊量子奇境、魯賓遜漂流記、白鯨記、福爾摩斯探案這些較屬於科學科技類的書籍較能符合開課的名稱。以上的意見讓個人確定開授經典閱讀的課程，但同時也考慮到本課程是開在全校共同選修的通識課程中，為求避免讓非理工科系同學覺得有太專業的情況，因此選用科普經典閱讀的課程名稱，而不採納科學閱讀或自然科學閱讀的名稱，希望藉由科普方面的經典書籍來幫助學生養成閱讀的習慣，並同時瞭解科學的本質。

二、科普、經典、科普經典

確定了課程名稱後，接下來就要考慮選什麼樣的書籍才會符合課程的名稱。腦海出現的問題即是那些書是被認定為科普的書籍呢？經典又是什麼？什麼樣的科普書籍才能被稱之為科普的經典？由於有這些的思考引發個人上網查考相關資料，以確定名詞的定義來幫助個人發展此新課程譬如選擇同學需要閱讀的書籍或教學的方式。

（一）科普

　　什麼是科普？什麼樣的書籍才是科普？「長久以來，人們對科普的涵義常常有不同的理解。有人把科普僅僅理解為科學知識的普及，這就很容易把科學思想、科學精神、科學方法以及應用技術的普及忽略了；還有人把科普僅僅理解為各種科技宣傳活動，這又往往把科技培訓、科技制作、科技競賽等排除在外，專家指出，科普就是把人類已經掌握的科學技術知識和技能，以及先進的科學思想和科學方法，通過各種方式和途徑，廣泛地傳播到社會的有關方面，為廣大人民群眾所了解。它是現代社會中某些相當復雜的社會現像和認識過程的總的概括，是人們認識自然、造福社會的一種有意識、有目的地行動。由此，專家們認為，科普圖書和科普作品就是為了普及某些科學技術知識和技能、科學思想和方法而編創發表的圖書或作品。科普圖書或其他形式的科普作品應當是多種多樣、豐富多彩、多元化的，而決不應當祇是一個模式、一個品種」。[3]「『科普』是『科學普及』的簡稱。顧名思義，就是要普及科學的意思，要普及科學的重要成果、方法、精神，使科學普及的對象能了解科學如何進行、科學家如何工作、科學家的生活等等；而普及的對象可以是學生、一般民眾或是其他領域的專業人士。其直接目的在於使普及的對象能：(1)增加對科學成果的認識，包括增進專業人士對其他領域的認識；(2)了解科學研究的方法；(3)進而能將科學精神推廣給大眾。而其動機與間接的目的則在於希望：(1)大眾能肯定科學研究、科學方法、科學精神的價值與重要性，並能接受及推廣這些方法與價值；(2)吸引更多的人投入相關活動；(3)促進專業與非專業及

---

[3]　摘自網站　王瑋先《光明日報》

不同專業間的溝通了解，避免誤會，激發跨領域的新研究」。[4]「很多科普書都是為廣泛大眾而寫的……因為原子或核能物理是我們這年代最偉大的成就，為我們帶來許多美好承諾，同樣的也帶來重大的危機。一個也知識而且有心的讀者應該要盡可能閱讀有關這方面的書籍」，[5]從上述的界定，給予自己較清楚科普的定義，進而瞭解到科普書籍就是為大眾而寫的科學作品，其內容為的是普及科學知識、科學方法和科學態度。

（二）經典與科普經典

所謂的經典又該如何定義？經典一般認為就是經史典籍，但如此的認定似乎也未有定義出什麼才是經典，由於手邊無立即的資料，於是先上網站查閱，發現至少有下列：

> 「經典之所以經典，非某時某人突然興緻所發作，乃是人類心靈深度之表現，其深度，直達人性之本源，而通於一切人心，乃至天地之心」
>
> 「經典之為經典，乃是因其自身即是經典，經典之為人所愛重，乃是因其本身提供了永遠開發不盡的原創性智慧。」
>
> 「經典之作不僅構成其民族精神之傳統，而且提供給全人類心靈無線之啟發。」
>
> 「所謂的經典該如何定義？是古代士人必讀的經書典籍？還是被信徒們奉為圭臬尊重到底的宗教典籍？不管是哪種，能被

---

[4] 摘自網站 http://www.nm.ncku.edu.tw/ncku_chinese/teacher/personal/cjh/articles/ 陳政宏，從「科普」及翻譯看臺灣高等教育與現代化的一些困境，2002

[5] 郝明義、朱衣譯，《如何閱讀一本書》，p.275。2003，

稱為「經典」代表它影響人類生活至深。」

「經典」是動態的。[6]

　　阮芝生提及「經典閱讀是窺探任何知識領域根本的不二法門，一門學問的建立，是由於過去產生過若干名著，而這門學問的發展，則有賴於未來能繼續產生新的名著。名著是這門學問的起點，也是永遠的歸宿。」和「學術典範基本上即依靠著大師及其經典名著共同建立其規模。以《史記》而言，它不但是中國傳統歷史學的重要經典，具有高度專業性，同時「也是一般名著，無論在過去或現在，它都是知識份子或有教養的人的必讀之書。……以這樣的書作為大學通識教育的課程，或歷史系專業訓練的基礎課程，誰說不宜呢」。[7]邱天助則認為「所謂經典就是勿需重寫，再寫也很難超越，或是有其歷史地位，甚至影響到現代作品，至少它有開創性的價值」。[8]以上諸多對經典的描述、界定或定義，似乎仍很抽象。更進一步從這些文句的前後文來查閱，發現所謂的經典似乎皆指向文史類的書籍，亦即用詞的上下文都少有出現科學（or 自然科學）的相關的字詞或書名。譬如邱天助先生的書裡有如下記載，「『何謂經典？法國文評家波夫在〈什麼是經典〉一文中指出：真正的經典作者豐富了人類心靈，擴充了心靈的寶藏，另心靈更往前邁進一步，發現了一些無可置疑的道德真理，或者在那似乎已經被徹底探測瞭解了人的心中，再度掌握住某些永恆的熱情；他的思想、觀察、發現無論以何種形式出現必然開闊、寬廣、精緻、通達明斷而優美；他訴

---

[6] 摘自詹宏志專欄，網址為 http://www.starship.com.tw/cgi-bin/twivsteacher/board.cgi?action=display&num=1296。

[7] 摘自阮芝生，經典編纂與宗教閱讀～學術與宗教之間，1993。

[8] 邱天助，《讀書會備忘錄新學習運動》，p.57。

諸屬於全世界的個人獨特風格,對所有的人類說話,那種風格不依賴新詞彙而自然清爽,歷久彌新,與時並進」。緊跟著這段話,作者繼續提到許多的書名並該書本所描繪的重要內容,書名有《戰爭與和平》、《唐吉訶德》、《卡拉馬助夫弟兄們》、《懺悔錄》、《蒙田散文集》,《文明與不滿》等,但並未有較屬自然科學類的書籍名稱出現,因此也造成自己的迷失。對此懷疑也許要歸因個人的搜尋不足的關係。還好進一步搜尋有找到王瑋表達了科普經典的界定:「1.有較高的科學性、思想性和藝術性,為廣大讀者所喜愛。2.為有關專家學者所認可,確認其內容在科學事實、材料引用和理論闡述上都是真實的、準確的、成熟的、先進的;3.某些方面具有自己的特色或創造性;4.在某個歷史時期有過比較大的影響或作用,可以流傳一個較長的時期甚至流傳後世近日」。[9]對此何謂科普經典似乎已給予自己一個依循的方向,但進一步分析思考這四個標準,1.「為瞭解廣大讀者所喜愛」,要知道讀者是否喜愛豈不要依出版的數量或所謂的排行榜來定奪?2.「為有關專家學者所認可,……」,這標準也許較為明確一點,祇要去調查那些是專家學者所認可即屬科普經典,但是那些專家?那幾位學者來認可才算?不同的專家不同的學者也許認定就會不一樣,這也是個問題。針對3.「某些方面具有自己的特色或創造性」,每一本書都可以有其特色?而創造性?更不易界定。針對4,「……,可以流傳一個較長的時期……」,應該是一個不錯的標準,但流傳多長?一年?還是一百年?這也是一個問題。雖然有這些可能的問題,但終究也必須選擇其中的標準來作依循。

9　摘自網站 http://www.booker.com.cn/big5/paper18/1/class001800005/hwz5086.htm,王瑋,《光明日報》。

（三）課程目標

　　藉由以上的一些界定，個人也已明白了科普經典的意涵，但總覺得經典的閱讀其目的雖然是強調閱讀，但閱讀的內容會有不同。因此閱讀科普的書與閱讀文學的書應該還有其他不同的教學目的。由於個人清楚自己的求學背景及教學的經歷等等，因此乃將本課程的主要教學目標設定於：闡明科學歷史的發展，讓學生同時能夠瞭解科學的本質，並其中所提及的科學知識、科學方法和科學態度。

參、本課程經典書籍之選擇

　　確定了個人的教學目標，也清楚明白科普經典的界定，幾經思考終於作出下列的科普經典書籍的選擇以作為課程教學的進行，並讓學生閱讀的內容。

1. 《科學與假說》：本書是做為教師示範如何閱讀的一本書，主要介紹科學是什麼？這本書是由十九世紀末在數學、哲學、物理等學門都相當富有盛名的朋加萊（Henry Poncari）主筆，主要談到科學的邏輯方法等內容，還好是由老師示範，若是由學生閱讀則略為深奧。該書在進一步考量書的出版、學生的興趣等，而於下學期開課時已改由《西洋科學史》這本書來作為教師的示範用書。

2. 《法拉第的故事》：本書開始由學生上臺作讀書報告，並於課後繳交至少 600 字的閱讀心得。而老師的教學內容藉由法拉第的生平的介紹順便談論科學在十九世紀的發展。《法拉第的故事》這本書是由臺大張文亮教授著，在排行榜上一直有很好的評

價，符合廣大讀者的喜愛這個標準。也由於其內容有談到科學的發展過程，符合教師的需要，特別是本書介紹了法拉第的生活研究等故事的彙集，應該可充分達到能讓讀者了解到科學是如何進行、科學家是如何工作以及科學家的生活，各方條件都很適合，因此便被選擇作為本課程的科普經典。學生對本書的反應都覺得易讀是一本相當不錯的書，因此本書在爾後的學期是每位學生都必須購買的書，。

3. 《想像的未來》：原想借重戴森（Freeman J. Dyson）的聲望，用來介紹 20 世紀物理科學之發展介紹，但經過一學期的教學後，發現將之延至科學的未來這個單元會更適合。因此於下學期則改採《站在牛頓的肩上》寰宇出版，作為介紹 20 世紀物理科學的讀本，本書介紹多位 20 世紀的物理學家生平及其學說，全書未有任何深奧的科學方程式出現，對於非理工科的學生而言，尚能接受。祇不過由於一些抽象的科學名詞，還是有許多學生感到有點難懂。

4. 《混沌》：原來本書也是用來介紹 20 世紀物理科學之發展，但本書內容經過學生閱讀後，經由閱讀後的問卷調查都顯現出該書對學生他們是太難了一點。因此進一步考量學生接受的程度教師取消了這本書的使用。

5. 《雙螺旋》：從其書中所列的書評「本書記錄了本世紀最重要的科學成就，影響深遠，堪稱世紀之書」、「雙螺旋的發現令人探為觀止，本書必然是傳頌千古的經典名著。」[10]等，依據這些書評個人認為本書的確是一本科學的經典，因此選擇作為學生

---

[10] 摘自《雙螺旋》，時報出版

閱讀的書籍，並作為教師介紹 20 世紀生命科學之發展的媒介。該書是華生個人的在實驗室的種種自白，可說是一本個人的自傳，同時刻劃出作者與其團隊之間的關係。雖然閱讀本書時仍有許多不懂的名詞，但學生反應還算蠻正向的，因此仍繼續延用。

6. 《一粒細胞見世界》：本書是外加的一本書，希望學生也能透過本書瞭解一些生命科學的知識及其發展等。但學生反應不佳，現回想起來也許最初在選擇時較著重在老師個人課程安排的需要，而未能從學生的角度思考，由此可以知道本校有個規定——新開課程一定要接受學生的評鑑，相信這樣的作法對一個新開課程是有很大的幫助，藉由同學無記名的填寫可以知道較多學生的想法，因此來改進課程更符合學生的需要。

7. 《寂靜的春天》：本書 1962 年出版。誠如晨星出版版本的封面所述，「一本書名優美而內容悚然的環保代表作品它提醒世人濫用農藥及殺蟲劑將讓春天變得寂靜不再有蟲鳴與鳥叫——」，甚至於書本的封頁也提到該書為「影響世人最深的自然生態經典作品」。[11]本書堪稱環境生態的第一本書，美國也因本書而成立環境保護署（EPA）。該書勇敢的揭露出人類在面對大自然及其他生物競爭的同時，對其他生物所作出了殘酷的暴力行為。本書的範圍包括農藥、遺傳、生態、生理、生物防治、蟲害防治的新科學，教師個人認為是一本提供了談論思考科學的限制的好書。

8. 《科學怪人》：這本書同樣也是用來讓學生思考科學的限制，科學真的可以製造出人類嗎？雖是一本小說類的書，但單從其選編分類「經典名著‧21 世紀觸感」就可以知道本書從 1818 年

---

[11] 摘自《寂靜的春天》，晨星出版，民 85。

起就一直流傳至今，甚至許多的書籍和電影都沿用本書的風格或題材。由此個人認定其是一本經典。雖然內容較少科學的呈現但因能引起讀者思考科學在社會所扮演的角色，所以進一步認定它也具有傳遞科學內容的一本科普經典。希望透過本書學生能對科學如何影響社會、科學在社會上應該扮演的角色、科學的本質等有所省思。

9. 《美麗新世界》：為英國小說家赫胥黎（1894-1963）所發表膾炙人口的科幻小說，描述對未來世界的想像、探討和預言，藉此提出他個人對人類社會未來或前途的關懷，相當符合作為讓學生思考科學的未來的一本書。本書也被譽為「代表二十世紀自然科學與社會科學之間互相衝擊的一大鉅著」，[12]另外也被稱為「二十世紀的十大小說之一」，[13]相信能有如此的讚譽，應該是符合經典的標準需求吧。

10. 《正子人》：同樣作為科學的未來思考的閱讀書籍，也是一本科幻小說。本書是為了電影變人的觀賞，而作的選擇。期望課堂的多樣化教學能夠引起學生更大的興緻。而對於本書是否為經典則是可以討論的，這也是希望藉由繕寫本文而來與同好交換看法。

11. 《用心動腦話科學》：本書是教師用來引導學生談論思考科學與教育的關係，由於本校仍有許多學生有機會擔任小學老師，甚至擔任自然科老師，因此為了讓修課的學生有機會知道科學是源自對週遭事物的好奇，由於對生活環境的許多不可解的事務，而引起科學研究者的興趣。希望修課的學生爾後任教自然

---

[12] 《美麗新世界》，頁 3，志文出版社
[13] 《美麗新世界》，封面。

科時,這些學生能夠適當引導小學生對日常生活的種種現象有更多的關心及好奇。本書是由前教育部長曾志朗教授所寫,內容取自對生命裡的迷,相當有趣,也同時能將其背後的科學知識與科學的探究作很好的闡釋。本書也是學生覺得非常不錯的一本書。個人相信本書真的具有其特色並創造性,能夠引起學生更多對自然科學研究的興趣。

12.《費曼的主張》:備受尊崇的費曼先生對於人生、科學預言、反官僚作風、科學家之責任、奈米科技、「擁有懷疑之自由」、工程管理、科學教育、研究物理、誠實、動手做實驗、科學方法、文明砥柱等十三項的主張,書中的描述充分顯現出費曼不平凡的見解。本書廣受讀者喜歡,再加上費曼個人特有風格,本書的確可算為一本經典之作。

曾有人提及為何不讀科學家所寫的原典,譬如牛頓的《數學原理》、達爾文的《物種原始》、愛因斯坦的《相對論》等書,對此個人認為這些書是可稱為相當經典,但由於當初發展課程時手邊沒有這些書,因此無法作進一步的思考選擇。依個人的認知這些書是相當專業的,學生恐怕不易接受,因此是否為科普則可進一步思考。另外若選擇這些書時,也許課程的名稱就需修正為「科學原典閱讀」。

肆、教學的進行

雖有盡量依據經典的界定選擇書籍,但有時也因配合教師教學的需要而有所變動。然而書籍既已選定,接著想到的是在這門課裡

學生閱讀的方式到底要如何進行？是全班皆買這些書來閱讀呢？還是全班分別買 2-3 本書？或者全班祇買一本書呢？由於是個人初次的開課，再加上考量了學生經濟的狀況，最後決定每位學生只須購買一本所列的教科書。由於學生祇買一本書，為了讓學生有更多的學習，於是將班上分成若干組，每一組看完同一本書後，需一起聚集針對老師所設計的討論單作準備（見附錄二），以便對班上其他同學作書本的介紹，好讓其他未讀該本書的同學也能對該書有初略的認識。當然藉此小組報告的方式，同學間更可以學習人際間的互動，這也是通識教育合作學習的一個表現方式。至於其他同學在上課聆聽一本書的報告後，需要作記錄筆記，其格式見附錄三，希望藉由記錄學生一方面可練習寫作，並同時學到一些科學知識或知道科學進行的方法等等。進一步為了使學生與學生有更好的互動討論的表現，於是規定每組需對該本書提問問題，於課堂上，刺激同學對這本書所帶來的一些衝擊或其他相關問題作深度的討論與思考。例如於閱讀《正子人》的同學就提出：「1.過度使用人造器官，人是否還能稱為人？2.當機械人或人造人有了自己的思想的時候我們是否能將之視為一個人？3.他們是否具有和我們一樣的權力？4.倘若生活中充斥著機械人你會怎麼樣？為什麼？5.如果你是主角你會選擇用死亡來交換『人』這個稱謂嗎？」。[14]相信如此教學的規劃設計與進行是可以讓學生在閱讀並寫作上有多一點的學習，並同時達到教師的教學目標瞭解科學歷史的發展，並其中所提及的一些科學知識，也同時明白科學家作科學的方法，最後當然就是能夠塑造學生具備一些科學態度如質疑不倉促下定論等。

---

[14] 取自學生報告資料

伍、課程評鑑與反思

　　課程授課一學期後，學校（教務處）及計畫都有作教學的評鑑，但教師個人則依照新課程發展的需要設計了「書籍讀後調查表」（見附錄四）及課程評鑑表（附錄五），來更進度瞭解同學的需要建議等，希望能夠讓本課程更能發揮其果效，更符合學生學習的需求。下列各從「書籍讀後調查表」及課程評鑑表的一個範例來呈現學生書籍讀後的意見及對整體課程的看法。

一、書籍讀後的問卷

　　1. 請詳細列出你閱讀《混沌》這本書時，所不懂得名詞、句子或段落等。

　　化約主義、疊代函數、柯愛——泰勒流體、米爾柏格序列、白色地球氣候、曼德布洛特集合、後勤差方程式、約瑟生連接效應、球形鐘擺、太空鞦韆、勞倫茲吸子費曼圖形、矮胖子效應、分數維度的判定、耗散系統、擾動理論、疊代時間隔離非線性動力系統、避雷針效應、熱力學、渾沌流、渾沌、和諧微觀與巨觀、日夜週期律、動力之心臟、勞倫茲吸子、通訊的數學理論、類比電腦、精神藥物學、里亞普諾夫維度、碎形、非線性……。以上所列的名詞的確太深，因此也祇能從本書去瞭解科學的一些發展。

　　2. 列出閱讀本書後，你所學習到的心得、知識內容、道德價值等？

　　（甲生）

　　所謂渾沌，是無法精確掌握的混亂，在生活中，渾沌無所不在，舉凡數學、物理、經濟、教育……等，都有「非線性系統」的因子

存在，我們無法去控制它，僅有對它更深一步的了解才是使我們人類的發展更趨進步！而蝴蝶效應「失之毫釐，差之千里」，「千一髮而動全身」的至理名言，將銘記在心！！

（乙生）

閱讀「渾沌」時，一開始就有點挫折感，明明每一字每一句都看的懂，為什麼看了兩次還不知道它導底在表答些什麼；另外在收集相關資料的時候，發覺圖書館中，針對「渾沌」相關之數學、物理方面的書幾乎沒有，圖書館對於理工方面的藏書好像很不重視。看完這本書之後，感覺也很渾沌，自認已經大概知道內容到底在說些什麼，可是在回想準備製作摘要卻又不知從何下手，最後我覺得渾沌是看起來簡單有規律的事物，背後其實出奇不意的複雜，但看似複雜的事物卻又如此的有規律。

（丙生）

科學的東西是無形的，但是還是滿有趣的，可以了解到科學發展的歷程。

（丁生）

以前還不知道渾沌是什麼，至少現在對渾沌多少有點概念了，只是這本書真的很難，能理解到的東西有限，希望老師下次能換本簡單的。

（戊生）

雖然對科學方面的知識並不多，但是我還是盡我所能去看這本書，也發現，它真的很難讀，所以我改以人文眼光去讀它。了解到，科學就像文學，有人喜歡簡鍊、有人則人喜歡藻飾，我喜歡簡鍊，

這樣才不會讓人在接觸的初期,對其有距離感、恐懼感。而不管你喜歡人文的或是科學領域,都別忘了,隨時張開妳的心和眼,用心注意觀察身邊的事物。

二、對書籍讀後問卷的反思

從學生的讀後調查表發現,雖是所謂科普的書籍,但學生對書中的許多科學名詞仍舊不懂,也難怪說《如何閱讀一本書》作者提到,閱讀科普絕對比閱讀故事書困難。也如同在網站上有人留言提及閱讀科普的困難:「臺灣科普書雖越來越多啊!但是我看仍多是屬於專業人士的業餘閱讀,或是業餘人士或具基礎科學背景人士的進修書籍囉!至於門外漢或無相關科學背景者,讀起來其實仍不夠淺白易懂,會有不少阻礙,科普書似乎還停留在比學術論文稍白話一點的階段而已,但是對於大多數人,還是不夠平易近人,像我自己是第三類組的大學畢業生,但是看很多臺灣科普書都是看得頭昏腦脹,對我而言,真正的科普書,是要讓一般人都能真正領略到自然科學的真以及這樣真實簡單,但卻能帶來的一種美感與感動呵!那樣的境界才是最好囉!留言者:向日葵(2003/2/11　下午　12:48:17)」。[15]對此原因推測可能是學生很早就在高中分組,加上少有機會做科學方面的閱讀,也因此對所謂的科普書仍覺得難讀。另外也許就是書本過深(如本例),因此老師有需要作修正。當然老師也由於受限所學未能一一解釋,也因為要解釋這些名詞,需要有基礎知識及更多的教學時間,以致於無法充分解釋教導學生認識一些科學名詞。當然若能由學生自行進一步研讀或請教教授,也不失是一個補救,就怕學生受限專長背景及興趣

---

[15] 摘自網站,出處已失查

不多，不願花時間進行自學。由此也顯示出自然科學內各個分科物理、化學、生物、地球科學的隔行如隔山的困境，假使能由多位老師協同教學，也就能針對學生不懂的部份作較詳細的說明。若是由一個教師教學，也許能如《如何閱讀一本書》中提及的：「你閱讀科普經典著作並不是為了要成為現代專業領域中的專家，你閱讀這些書祇是為了要瞭解科學的歷史與哲學，事實上這也是一個門外漢對科學應有的責任。只有當你注意到偉大的科學家想要解決什麼問題時——注意到問題本身及問題的背景——你的責任才算結束」。[16]教師對教學的要求或許不要太強調知識層面，而能透過這些科普的書來幫助學生去作思考去讚賞科學家的種種，也就是了解科學如何進行、科學家如何工作、科學家如何生活。

三、課程評鑑的結果

為了進一步來瞭解課程是否能達到當初設計的目標，設計了一份課程評鑑表，其內容如下（是以一位同學的陳述作為範例，並同時將 38 位同學所填寫的問卷結果整理於每個問題之後。）：

（一）上課的目標

1. 對於閱讀是否有增加興趣或建立習慣，例如：每月看一本書或經常逛書店？

回答：是，每一個月固定閱讀十幾本期刊，大多與電腦、商業管理、時事為主。

本題 38 位同學都回答有增加興趣或有建立閱讀的習慣。

---

[16] 摘自《如何閱讀一本書》，頁 265

2. 所上的課能與教學預定的目標，如瞭解何謂科學的本質，請寫出。

　　回答：所上的課程大多以科學史科學文學為主，其中有很多環境科學倫理的討論值得深省其本質。

　　本題回答能達到教學預定的目標有 30 位，3 位答沒有，5 位空白。

3. 於課堂上學到相關之科學知識。

　　回答：課堂較少專業、深奧的科學倫理或科學名詞，較多想法思維的交流，不過在生物學發展的歷程討論中有學到不少科學知識如基因、染色體、DNA、RNA 等。

　　針對本題，全班同學的回答若從其所用的字眼來審查，得到 35 位同學回答可以得到專業知識；有 2 位同學回答可以培養科學態度；另外 3 人答可以學到科學人誌；最後有 1 位空白。

4. 於本課程與其他同學互動的情形

　　回答：藉由本課程可以認識外系的學生，且從討論交流意見的過程中可以學習到更多的思維模式外的想法。

　　38 位填答的同學中有 27 位回答與其他同學互動很好，回答好的有 3 位同學，有 7 位同學則回答尚可，祇有 1 位回答同學間的互動是生疏的。

（二）上課的方式

1. 你覺得本課程的上課的方式一本經典的介紹好還是可以用多本經典的方式

　　回答：多本經典的方式，但不要太多本，差不多 2～3 週討論 1 本書。

全班的回答結果則為 12 位同學贊成一本，回答多本的有 26 位同學。

2. 你覺得本課程主題式的進行教學教師所提供的書目以及進行的方式是否能達成教學目標？

回答：每一本書閱讀難易程度相差很多，有些較難達到目標。

總的結果則有 36 位回答是，2 位回答否。

3. 你覺得於上課中討論的情形如何，例：時間的多寡、討論的熱烈與否

回答：如果書可以少一點，且每一個人事先研讀後，討論才有感覺。

對本題的回答有 13 位同學認為可增加討論時間，認為討論不夠熱烈的同學有 15 位，認為很好的有 10 位同學。

（三）對於教師所建立的評鑑標準

1. 作業太多；2. 很適當；3.……

回答作業太多的同學有 4 位，認為教師所建立的評鑑標準很適當的有 31 位同學，

（四）其他建議或心得分享

有 2 位同學答希望正常下課，有 7 位同學建議增加影片欣賞，1 位同學建議加強討論，1 位同學認為所選書本太難，

　　有 3 位同學認為同學報告太快，有 2 位同學建議增加實驗實作，15 位空白，1 位書本太雜，5 位很好，1 位提分組討論。

四、對課程評鑑的反思

　　從以上學生課程評鑑表所得到的結果，看出課程仍有很大的改進空間，其中以小組的討論較為不足，爾後應可讓學生有較多的討論。至於於課程中要閱讀一本書還是多本書？綜合班上所有的學生則各有不同的見解。對此個人的改進乃依照教學的四個大段落，要求全體學生必需購買四本書。其中一本《法拉第的故事》是全班共同需購買，其餘三個段落的書則可依照教師提供的目錄，學生作自我的選擇。[17]另外有同學建議能夠在課堂作實驗，畢竟自然科學的特色就是實驗。此項見解《如何閱讀一本書》中也有類似觀點：「任何人要瞭解科學的歷史，除了閱讀經典作品外，還要能自己作實驗，以熟悉書中所列的關係重大的實驗。……」。[18]對此項建議已於 92 學年下學期開始加入，但也因課程教學時間有限，祇能規劃一次上課時間，選擇安排較具代表性的法拉第其生平所作過的一些實驗，來讓學生有機會操作操作，或許藉此也可引起學生對科學的興趣。

陸、結語

　　個人深深認為一個課程之表現，是一個教師之才能的彰顯，也難怪人們常常提到教學是藝術，每位老師皆有學習經歷及特質，連

---

[17] 請參見附錄一 93 學年第 2 學期的教學大綱
[18] 《如何閱讀一本書》，頁 267

帶課程的設計也應有其特色。相信本課程──「科普經典閱讀」的提出相當符合黃俊傑教授所提及的「原典的閱讀是深化大學基礎與通識教育的第二個方法，第一個方法則是通識教育講座」。[19]期盼本課程能夠繼續改善精進以吸引學生選課，因而刺激學生建立閱讀的習慣及增強閱讀的能力。讓學生在大學階段多閱讀一些有高度價值的書，進而將書本的內容咀嚼吸收，好像站在「巨人的肩膀上」，吸取前人留下來的智慧，來開擴自己對大自然的視野，並豐富自己的心靈。

柒、參考文獻

邱天助（1998），《讀書會備忘錄新學習運動》，臺北：洪建全基金會。

丹尼爾‧貝納（2001），《閱讀的十大樂趣》，臺北：高寶。

郝明義、朱衣譯（2003），《如何閱讀一本書》，臺北：臺灣商務印書館。

黃俊傑（2003），《大學通識教育與基礎教育的深化理念策略與方法》，全國通識教育教師研習會 p.3-14。

（註：本文曾發表於 2006 年中華大學出版的中華通識教育學刊──萬竅 3 期 p.39-62，今稍作修改後，收錄於本書。）

---

[19]黃俊傑，〈大學通識教育與基礎教育的深化理念策略與方法〉，2003

附錄一　教學大綱

國立臺東師範學院第 92 學年第一學期教學計畫及進度表

科目名稱：科普經典閱讀	科目屬性：通識課程科學科技
英文名稱：Popular Science Reading	開課年級：大一
學分／時數：2/2 上課地點：	任課教師：自教系黃惠信
連絡電話：（O）318855-2551（H）334798	E-mail:huhs@cc.ntttc.edu.tw
教學目標： 　　經由閱讀科普之經典名著以提昇學生閱讀能力，進而養成閱讀之習慣。並藉讀書心得報告的分享討論，來介紹科學的本質及相關之科學知識，以提升學生之科學素養。另透過團隊合作之學習方式來培養學生溝通能力及人際關係。	
教科書： 1.《雙螺旋》，時報出版社 2.《正子人》，天下 3.《科學怪人》，商務印書館 4.《法拉第的故事》，文經社 5.《用心動腦話科學》，遠流 6.《科學與假說》，協志 7.《寂靜的春天》，大中國圖書公司 8.《美麗新世界》，志文 9.《想像的未來》，天下 10.《費曼的主張》，天下 11.《一粒細胞見世界》，天下 12.《混沌》，天下	

課程進度與教學大綱：			
週	日期	課程內容	備註（教學方式、閱讀書籍文章）
1	09/11	課程準備	
2	09/18	課程介紹與安排 & 前言	教師課程說明＆學生分組
3	09/25	科學是什麼（一）討論與分享	由教師示範閱讀《科學與假說》
4	10/02	科學之發展歷史（二）	閱讀《法拉第的故事》
5	10/09	分享與討論	
6	10/16	20 世紀物理科學之發展（三）	閱讀《想像的未來》、《混沌》
7	10/23	分享與討論	
8	10/30	20 世紀生命科學之發展（四）	閱讀《雙螺旋》、《一粒細胞見世界》
9	11/06	分享與討論	
10	11/13	科學的限制（五）	閱讀《寂靜的春天》
11	11/20	科學的限制	閱讀《科學怪人》
12	11/27	分享與討論	
13	12/04	科學的未來思考（六）	閱讀《美麗新世界》、《正子人》
14	12/11	分享與討論	
15	12/18	科學與教育（七）	閱讀《用心動腦話科學》、《費曼的主張》
16	12/25	分享與討論	
17	01/01	元旦放假	
18	01/08	結論	
19	01/15	期末考（筆試）	
作業規定：一本書之心得報告、課後交代作業、上課的學習單			
評量方式：讀書心得報告一篇&學習單七篇 40% 　　　　　討論分享 50%（含團隊合作 10%、出缺席 10%，另缺課二次重修） 　　　　　期末考 10%			

國立臺東大學第 93 學年第 2 學期教學計畫及進度表

科目名稱：科普經典閱讀	開課年級：大一通識課程
英文名稱：Popular Science Reading	科目屬性：語言與思考工具
學分／時數：2/2　上課時間／地點： 星期二 3&4　S501	任課教師：自教系　黃惠信
連絡電話：（O）318855-1260（H）334798	E-mail：huhs@nttu.edu.tw

教學目標

1. 經由閱讀科普之經典名著以提昇學生閱讀能力，進而養成閱讀之習慣
2. 透過討論和報告養成學生表達論述的能力
3. 經由小組合作培養團隊合作的能力
4. 並藉讀書心得報告的分享討論，來介紹科學的本質及相關之科學知識，以提升學生之科學素養

教科書（需購買 4 本）：

一、科學的過去：《法拉第的故事》，文經社（必買）。

二、當代的科學：《雙螺旋》，時報出版社；《站在牛頓的肩上》，寰宇（二選一）

三、科學的未來：《正子人》，天下；《科學怪人》，商務印書館；《美麗新世界》，志文；《寂靜的春天》，大中國圖書公司（四選一）。

四、科學與教育：《用心動腦話科學》，遠流；《費曼的主張》，天下（二選一）。

課程進度與教學大綱：		
日期	課程內容	備註
02/22	課程說明 & 前言：說明何謂科普 & 介紹閱讀的技巧 & 方法等	每節下課皆需繳交當日上課的學習單
03/01	一、科學的過去：	教師講述
03/08	學生閱讀《法拉第的故事》分享 & 討論	小組讀書報告
03/15	閱讀《法拉第的故事》分享&討論	
03/22	實驗活動	
03/29	二、當代的科學：	教師講述
04/05	閱讀《站在牛頓的肩膀上》分享與討論	錄影帶欣賞

04/12	閱讀《雙螺旋》	短片欣賞（DNA 介紹）
04/19	分享與討論	
04/26	三、科學的未來：	教師講述
05/03	閱讀《科學怪人》分享與討論	小組讀書報告
05/10	閱讀《美麗新世界》分享與討論	小組讀書報告
05/17	觀看「變人」電影	電影欣賞
05/24	《閱讀寂靜的春天》分享與討論	小組讀書報告
05/31	四、科學與教育： 閱讀《用心動腦話科學》分享與討論	小組讀書報告
06/07	好奇活動	
06/14	閱讀《費曼的主張》分享與討論 & 五、結語	小組讀書報告
06/21	期末考	個人讀書心得整理
06/28	成績評量	
評量方式：購書 4 本書籍心得報告 & 學習單 70%、分組團隊合作 10%、討論（含出缺席 20% & 缺課二次不予計分）		

附錄二　讀後心得討論單

科普經典閱讀小組課前讀後心得討論單

組員_____　_____　_____　_____

一、小組讀書後之討論記錄（課堂介紹用）

二、小組提問問題（作為課堂討論之題綱）

三、其他與本書之相關（如延伸閱讀、進深資料等）

附錄三　科普經典閱讀學習單（範例）

書名	科學與假說　彭加勒原著　協志工藝出版社
本書重點摘要	
課堂教師補充內容	
本書帶給自己的啓示與影響	

附錄四　書籍讀後調查表

說明：每個人針對自己所閱讀的書而填寫。個人姓名：

系別：

1、對自然科知識自認表現：

____很好____好____普通____差____很差

2、其他與自然科學之敘述_____

一、請詳細列出你閱讀「寂靜的春天」這本書時，所不懂的名詞、
句子或段落等。

二、列出閱讀本書後，你所學習到的心得（知識內容、道德價值等）？

附錄五　課程評鑑表

一、上課的目標

1 對於閱讀是否有增加興趣或建立習慣或例：每月看一本書或經常逛書店

_____

2 所上的課能與教學預定的目標如瞭解何謂科學的本質，請寫出

_____

3 於課堂上學到相關之科學知識，

_____

4 於本課程與其他同學互動的情形

_____

二、上課的方式

1 你覺得本課程的上課的方式一本經典的介紹好還是可以用多本經典的方式

_____

2 你覺得本課程主題式的進行教學教師所提供的書目以及進行的方式是否能達成教學目標？

_____

3 你覺得於上課中討論的情形如何，例：時間的多寡、討論的熱烈

　與否

三、對於教師所建立的評鑑標準

　1作業太多2很適當3……

四、其他建議或心得分享

東大的「科普寫作」課程介紹

黃惠信

壹、前言

妹妹：又開始要選課了，下學期就要升上大三，系上有許多的專業科目如無機化學、物理化學及實驗、生物化學及實驗等，可真會累死了人。我還少通識課程中的「數學科學科技類」的兩學分，想選個較輕鬆的科目，但又不是太無聊的課。哥，你可不可以推薦一下，介紹一門課給我，免得我都快煩的要受不了？

哥哥：別煩！通識的課不是營養學分，你可以考慮與你專業的課有關的課，將它結合起來，也許可以成為你另外一個專長。哥現介紹一個科目給你，那就是黃惠信教授開的「科普寫作」，而且黃老師還是你系上的老師呢，上課應該可以更覺親切。

妹妹：黃老師我認識，但沒上過他的課，聽說他人很好，也很少當人，除非你曠課太多，曾有學弟修他開的「科學家列傳」的課，因為缺席過多而被當，但我是不會翹太多的課的人，所以應該不怕這點。不過……，「科普寫作」是列上蝦米東西哪？

哥哥：妳不知是正常，因為這課程是老師新開的，聽老師說：「他是
　　　因為學校通識教育中心的一個計畫——「閱讀與寫作」而開
　　　課的，計畫的目的是延續師院時代的「思維與寫作」課程，
　　　繼續藉由閱讀經典與寫作，來培養同學的閱讀與寫作能力，
　　　進而培養成為一位具會思考與批判能力的大學生」。該次上課
　　　還有一位語文教育系的董恕明老師一起協同教學。後來聽說
　　　好像還有開授第二次，是黃老師一個人上而已，不知道現在
　　　是一個人還是兩個人？這妳可要自己上網查。

妹妹：哦是喔！管他是一個人？還是兩個人上！重點是課程究竟上
　　　什麼？

哥哥：別急！別急！我才開始介紹嘛，剛剛是介紹授課教授，一個
　　　課程總要先知道是那位教授開的？他的背景又如何？這樣當
　　　談到內容時妳才有辦法，去知曉判斷這個課是否適合自己的
　　　需要？黃老師你不熟嗎？他的學術背景是美國愛荷華大學科
　　　學教育博士，副修科學史哲，而董老師則是東海大學中文研
　　　究所的博士，教學專長的為中國現當代文學和臺灣原住民文
　　　學，是一位很年輕有實力的教授，『文科與理科老師搭配，效
　　　果不錯』。

貳、課程內容

妹妹：好！講那麼多，我清楚了啦！那課程的目的呢？

哥哥：剛我已有提到課程的目標，就是提昇學生寫作的能力。老師
　　　的作法是藉由科普方面的素材如科學家傳記，科學性的讀

物，還有科幻性的電影，另外自然世界也利用來作自然寫作或生態寫作的對象。總之，就是寫作。

妹妹：等等！這裡你一下子提到科普素材，又提到科學性的讀物，又有科幻性電影，這些字眼應該是不同，是不是可以先說清楚一下？

哥哥：也對！由於時間關係我直接套至寫作上，所謂的科普寫作，潘震澤先生提到「在報章雜誌寫給一般讀者看的文章，內容可以是某個新發現或新觀念也可能是科學家本身的故事科學史當然更是常見的題材」。而有所謂的科學寫作，陳慧娟教授提到的「是強調突破傳統只重拼字、文法以及修辭的刻版印象，將寫作活動融入科學教室，鼓勵學生用自己的話對科學概念表達心得與想法，達成溝通組織與改變科學概念的目的」。

哥哥：看妳在皺眉頭，似乎是不太懂才對？我也才上一學期，不過好像應該可以這樣說：「科學」談的是比較專業的內容，指的是科學界的人事物。而「科普」也就是將「科學」轉化為能讓一般人可以理解或可以接受，大概是這樣？

妹妹：哥，我看你也是混了一個學期，科學科普都搞不懂，還再教訓我說通識課程不是營養學分。好啦！好啦！我大概可以明白，就是，像我就可以稱「科學」，而你讀的是特教系應該就算「科普」。

哥哥：喔！是喔！也許不是很清楚，不過讓我繼續講下去，或許妳就會豁然明瞭。

哥哥：上課的頭一次是作課程說明，妳也知道，就是要告訴同學本課程的教學進度和評量的方式等等。同時黃老師也先作了基

本名詞的說明，例如「文學是一門用語言文字表現思想情感
的藝術，它是表達人類的思想與感情的有力工具。人類將思
考的內容，除透過言語、表情、動作來具體展現外，也利用
文字書寫來表現。因此寫作是人與人間溝通觀念、分享情感
的重要管道。「寫作只是那一瞬間的事，但寫作也是一輩子
的事，需要做很多很多練習。又寫作就像呼吸一樣，寫作也
有九成靠傾聽。而寫作練習的規則是手一直在寫」，「學習寫
完整的句子，而且不要從一個意象跳到另一個意象，鼻子前
面有什麼，便寫什麼」。最後還讓我們寫寫你為何選這門課
的理由？

妹妹：哥，你寫什麼理由，該不會是「我缺少這個學分」。哦！對了，
　　　你以前也修過黃老師的教材教法課，該不會寫「我喜歡上黃
　　　老師的課」，哈！哈！

哥哥：別管這個了，大部份的人也跟妳一樣，缺那個部份的學分，
　　　加上那年大三通識課程也開的比較少，所以大家就來了。不
　　　過還是有少數幾位語教系的同學，寫說「個人喜歡寫作，才
　　　選這個課」。總之，不管理由如何，能讓我們多寫寫，刺激大
　　　家的大腦，這個課就值得了。

哥哥：接著三週的上課主題是觀察與描述的練習，黃老師藉由蠟燭
　　　燃燒的觀察與描述來說明科學與文學對觀察表現的差異。「觀
　　　察是一切科學活動的開端，也是科學活動的根本」。而人文科
　　　學則認為：「觀察，不僅是主體獲得豐富感性材料的來源，而
　　　且也是形成對事物從初步認識，進而發展出理性思維的前提
　　　和基礎」。學科學的人說：「觀察就是用眼、耳、鼻、口、觸
　　　五官，去蒐集物體、事件和現象的屬性、變化、關係等資料」。

學人文的人說：「觀察就是集中注意力，凝視被看的對象；然後全神貫注的，注意對象與自己所知的其它類似對象，有無異同；最後再用語言，在心裡描述這個觀察的對象」。黃老師更進一步引用網站的資料，提及「科學性的觀察，是以實事求是的態度去感知事物，通過理性的分析、比較和概括，去識別事物的形態、種類和屬性，並注意從事物的因果關係上，去考察事物的內在本質和原因，從而能夠判斷出這一事物是什麼。而審美性的觀察；是以審美的態度去感知事物，它雖然離不開現實性為基礎，但並不以實用性為目的，而是與審美主體內在的特定的情感生活模式相聯繫審美性的觀察並不滿足於判斷出這是動物，那是植物；這是單子葉植物，那是雙子葉植物。它不是科學的判斷與分類，而是一種按照自身內在的情感生活模式的探求與把握」。黃老師也利用了例子：「某種藥物可使家兔致死，這也許是一個事實，但若要說這種藥物對家兔有毒，就不是事實的說明，而是通過推理作出的結論」。科學將觀察描述（事實）與解釋（推理）是分成兩個層次。文學在描述上可能就因題材的關係，所寫的內容有時候會加入許多個人主觀的感情與見解。

妹妹：哥，你停停，講的太快了，我都快跟不上。

哥哥：沒關係，我只是大略提到，等你選課了再好好去學習，因為班上許多同學都還蠻滿意這個課程。

哥哥：基礎練習完畢後，我們就進入下一個主題——自然寫作；黃老師提出《海之濱》第一章〈邊緣的世界〉的文章，而董老師則提出《臺灣原住民漢語文學散文選集》的〈大魟魚〉文章，由這兩篇文章的風格，說明了寫作的人對大自然的描述

各有取向。我忘了老師從那裡引用了下列的說明提到「自然寫作出入科學與文學，兼具感性與知性的文學特點、使用自然科學符碼與全方位現場解讀的敘述方式，為文學提供了感知社會現實與生活環境的新方式，這種觀物觀己的方式具有尊重個體、與他者（相對於自我）互為主體的特質，並用有整體思考的視野和眼光，對應在文化建構上，正可以培養尊重個體、重視社會公益、互為主體、多樣性保育、整體性思考的新價值範型。這些文化價值是目前國人性格基因池裡，急代注入的基因文化」。隔週還帶我們到大同路底的海濱公園親自寫作練習，又回到學校上課，老師還將每個人的寫作，彼此交換，讓我們閱讀欣賞別人的作品並作一點的評斷。

妹妹：好像很精彩，但不我喜歡自己的文章讓人批判，同學又不是專家都嘛亂批評。

哥哥：別這麼小心眼，聽聽別人的意見，想想究竟他們講的有道理沒？也是一個學習，更何況可以請董老師指導，人家可是專家，我有留一篇她寫的海濱公園文章，寫的就是那麼生動。

妹妹：文章寫多寫少成績有影響嗎？聽說黃老師打的分數很低？

哥哥：還好啦！這個課主要是以幾個寫作練習的成績為主，再依出席的狀況加減分數，那個課我還拿 85 分。

妹妹：總共又寫幾篇文章呢？

哥哥：我也記不得了，後來由於老師也是第一次授課，有些單元就作了調整。喔！對了，印象中我們有看了一部科技性的電影，忘了電影的名稱，然後練習寫影評。

妹妹：不錯！上課還有電影可以看，我喜歡，我會更有誘因來考慮選這們課了。那……，什麼是影評？

哥哥：影評是藝術評論的一種，它也可以算是議論文的一種，對於所議論批評的人或事，可以持支持或反對的立場，也可以斥責或讚頌所要批判的對象，總之只能有一個中心論點。

妹妹：還有還有其他的寫作嗎？聽起來好像很多練習的樣子，選課的學生不會哇哇叫？叫撐不下去了？

哥哥：是很多，不過還好，妳剛不是說黃老師人很好，的確。他都會給我們充裕的時間寫作，不會太急迫。這也需要，因為自從學測寫作文後就很少再寫這類的文章了，不管是敘述文或抒情文或議論文。

妹妹：哥，那你會寫嗎？

哥哥：在寫之前，老師都會針對該主題作一些基本概念介紹，就以影評這主題來說，老師說：「影評應該是要對某部電影產生評價的文章，所以文章的內容要有評價再加上自己的感想。可著重在敘事手法與對電影中所發生的事件、發生的原因作探討。也可是深入的以文化批評理論作基礎，引用大量的觀影經驗與廣博的閱讀來論述，所寫出的論文式影評（theoretical essay）也可以」。

妹妹：嗯！越聽越有內涵？

哥哥：除了個人的文章繕寫外，還有將同學分組作集體創作。總共有三個主題，一個為科學報導兼談報導文學，另一個為改寫適合兒童程度的科學家傳記故事。最後一個為科幻小說的創作。

妹妹：還真的很多作業哦！這一點和我的選課條件有點衝突，我怕會沒有太多時間做作業。更何況還要分組，每次分組要集合

meeting，總是無法全部到齊，不是這個人缺席，就是那個人沒到。

哥哥：這點的確是事實，大學生常常懶散連正課都曠課了，更何況是沒有約束力的分組。不過還好，黃老師很有經驗，分組和相關要求都還能順利達成。

妹妹：那這三個作業怎麼進行？

哥哥：和其他單元一樣，黃老師還是先作背景的說明，他說：「談到科學報導，就得先介紹報導文學？甚至說明什麼是新聞文學？他們之間都互有關連。現今社會許多事件的背後都蘊含許多問題，值得深入考查與探討，例如尋找核廢料場址這個事件或新聞，除與科學技術理論有關外，也牽涉著政治社會，甚至經濟文化，因此值得去報導，去報導所寫出來的文章就可歸類在報導文學或新聞文學。報導的東西其實也就是新聞報導的延續。除了作概念性的介紹外也提示了一些寫作的技巧，就以報導文學為例，首先要注意標題，新聞的報導要引人注意或能表達出核心內容，選擇標題很重要。接下來就以生動簡潔的語言把最新鮮最重要之事放在最前面作個導引，然後在主體內容上可先說明——新聞事件的背景與歷史淵源，再將收集的資料公正客觀的表述出來以贏得讀者的青睞閱讀」。另外若以以人物為報導中心，就有點類似傳記。因此同樣的在談到傳記改寫時，黃老師首先說明：「傳記就是記載其人的重要事跡以傳於世，它通常是一個真人的故事，若以想像虛構或以動物為主體，現也有人稱之為傳記。以前許多的科學家的傳記把科學家描寫得太過呆板，以致於現在大家都有這個偏見認為科學家不可能擁有迷人的個性。今天我們

要將給大人閱讀的傳記改寫或改編成適合兒童閱讀的童話，如此才能引起兒童閱讀的興趣。童話從表現方法上可分為超人體童話、擬人體童話和常人體童話三種」，若從表現的題材，可分成科學童話又稱「知識童話」和文學童話又稱「品德童話」兩類。

妹妹：停！聽起來是不錯，但講的太長了，先休息一下，我順便去拿我的選課單，回來再講，講那麼多了到底還剩什麼內容可以講？

哥哥：也好，回憶那麼多，講的我都口乾了，趁機喝杯水。

妹妹：哥，快來！喝個水要那麼久阿！人家想趕快聽完，好儘早選課，免得選課人數額滿，就要去選其他不喜歡的課了。

哥哥：改寫比較簡單，就是改成兒童閱讀的程度就可以。近日許多地方都在強調創意，若用在文學上就是創作了，因此創作是會比較難一點，因為需要深入探討題材，研究人物、環境和情節，還要加上你個人文學技巧的底子，確實需要長時間的練習，方能得心應手。不過，那次課程能和同學一起創作一篇科幻小說，也是一個難得的經驗，因為大家都為題材內容想破頭，想到最後沒得想只好亂掰。

妹妹：怎麼說？難道真的沒東西可寫嗎？我才不信！

哥哥：我也不是很懂，因為科幻小說不能純粹幻想也要有科學作基礎，大家寫的都是世界末日、外太空人入侵、病毒變種等等，但這些題材許多電影如異形、或其他書本如《變人》,《正子人》等都提過了，真是難阿！黃老師說：「也的確是如此，科學的進展已到了盡頭，現在科學除了探究外太空外就是內太空即地心世界，要不然就是腦世界了」。除了題材內容外，還

要會安排主題與人物並且也要能有精采的對話與高潮的控制。所以寫小說不容易更何況科學小說或科幻小說，所以這個作業花了大家很多的時間，也因為如此才讓我印象深刻。

哥哥：黃老師也利用《科學怪人》和《美麗新世界》兩本書比較科學小說必須謹守科學分寸，正確地傳播科學知識，其所宣揚的科學內容，絕非出於臆測與幻想。科幻小說必須對於科學知識或科技成就做深一層的推想，它不是停留在介紹已被證實的科學智識，而是藉小說去想像未來科學的景況，設想未來科技發展所將帶來的影響；它的科學推理，不需依賴實驗的證明，只要不悖於現有的科學原理，能夠提出一套自圓其說的理論，即可成立。在課堂也利用張系國在《陌生的美》中提到的範例「如果……然後」的思考模式，讓我們先練習練習。內有例子：「如果人能夠到過去或未來旅行，然後會怎樣？這樣的思考，就找到時光隧道的奇幻因素。如果恐龍復出，然後會怎樣？這樣的思考，就引出侏羅紀公園的奇幻因素。如果偷窺者無所不在，甚至隱身牆壁裡，然後會怎樣」？

妹妹：這個作業不難，當你在講時，我已想到我的題材了，就是一位壞蛋科學家利用化學元素鈾設計了死光刀，想征服全世界，蹂躪百姓。但是幸運的出現了另一位善良的年輕科學家也發現了鉨金屬，可以製造比死光刀更強的劍，可將之制服。哈哈！不錯吧！

哥哥：妳還蠻利害的嘛！知道將自己在化學課的學習用到這邊來，這也就是我前面所講的，通識的課程祇要妳能善加結合，應該是對你的學習有加分效果，而不是無聊睡覺的課，它應該是要有「營養」的才對。

妹妹：哥，謝謝你告訴我這麼多，讓我也同時明白大學通識課程的
　　　意義，也難怪張忠謀先生一再強調大學通識課程對他的幫助
　　　和影響。那我就去上網選課了！

哥哥：不客氣！除了經常被妳欺侮，總算老哥今天還能對妳有幫助。

妹妹：阿～～～！哥，慘了！選課網站上找不到這門課了，於是我
　　　還電話問了班上的同學，原來黃老師已去臺東大學附屬的體
　　　育高中當校長了，因此沒有多餘的心力再開課了。真可惜！

哥哥：是嗎？學校其他的課都不錯，還有機會才對。聽說廖尉岑老
　　　師開在大一的「科普經典閱讀」也深受同學的喜歡。妳應該
　　　也可以下修才對，要不要我再告訴妳課程大概在上些什麼？

妹妹：還要再講哦？應該不用了，我同意哥你剛提到的一些道理，
　　　沒有不好的課，祇要能夠有適當的聯結，通識課程一樣可以
　　　學到很多的東西，重點不是老師怎麼教而已，而是你要怎麼
　　　學。謝謝啦！我想我一定會選到我要的課！

哥哥：我找到以前黃老師上課的教學計畫，不過現也用不到了！

附註　黃老師的教學計畫如下：

國立臺東大學第 93 學年第二學期「科普寫作」教學計畫及進度表

科目名稱：科普寫作	科目屬性：通識課程
英文名稱：Writing in Popular Science	開課年級：大三語言與思考工具
學分／時數：2/2	任課教師：自教系黃惠信
上課時間地點：Wed .1&2　S501b	
連絡電話：（O）318855-2551	E-mail: huhs@nttu.edu.tw
教學目標：　經由科學活動、科普讀物、科學性的電影、自然景觀及利用科學報導等來提昇學生科學寫作方面的能力。	
購買書籍：白鯨記、魯賓遜漂流記（任選 1 本）	

課程進度與教學大綱：

週次	日期	課程內容	備註（教學方式、閱讀書籍文章）
1	02/23	課程說明與討論	科普與寫作說明 &
2	03/02	觀察與描述（一）	海之濱文章閱讀
3	03/09	觀察與描述（二）	魯賓遜漂流記 or 白鯨記
4	03/19	觀察與推理	蠟燭活動
5	03/23	自然書寫	海濱公園上課書寫
6	03/30	自然書寫作品分享討論	
7	04/06	科學傳播與報導文學	小組報導作業
8	04/13	科學傳播與報導文學（二）	小組分享
9	04/20	科學性電影欣賞	寫影評
10	04/27	影評寫作分享討論	
11	05/04	科學家的故事	自我表白繕寫
12	05/11	科學家的故事（二）	收集資料以小組為單位改寫創作
13	05/18	科幻小說創作	
14	05/25	科幻小說創作（二）	以小組為單位創作
15	06/01	研究性論文的寫作	個人研究繕寫
16	06/08	研究性論文（二）	研究繕寫分享

17	06/15	成果展示	需投稿至報章雜誌等
18	06/22	結論心得分享	整體學習的分享
19	06/29	評定成績	

作業規定：各類的寫作

評量方式：課堂各式寫作作業單 40%

　　　　　小組作業 30%

　　　　　上課分享與討論 20%（三次未到重修）

　　　　　成果展示之製作 10%

國立臺東師範學院第 93 學年第一學期教學計畫及進度表

科目名稱：科普寫作	科目屬性：通識課程
英文名稱：popular science and writing	開課年級：大三語言與思考工具
學分／時數：2/2	任課教師：自教系黃惠信
上課時間地點：Wed.1&2 地科教室	語教系董恕明
連絡電話：（O）318855-1260	E-mail: huhs@cc.nttu.edu.tw shunmingtree @cc.nttu.edu.tw

教學目標：經由閱讀科普讀物、觀看科學性的電影 or 自然景觀或利用科學報導、醫學報告等來提昇學生對科學本質的認識和閱讀與寫作的能力以並批判思考的能力。

購買書籍：1 福爾摩斯探案 or 　　　　　2 愛麗絲漫遊量子奇境、白鯨記、魯賓遜漂流記（任選 1 本）

課程進度與教學大綱：

週次	日期	課程內容	備註（教學方式、閱讀書籍文章）
1	09/15	課程準備	
2	09/22	課程說明&文學的表現	
3	09/29	觀察與寫作	觀察蠟燭
4	10/06	觀察與寫作	上課現場及時閱讀「海之濱」
5	10/13	自然寫作介紹	作業（一）
6	10/20	海濱公園	自然書寫
7	10/27	自然的推理（infer）	從現象（phenomena）到推理（inference）
8	11/03	統計的推論	從數據（data）到推論
9	11/10	福爾摩斯探案（柯南影集）	看論述理由 or 寫出前題與結論
10	11/17	科技電影欣賞	寫影評
11	11/24	再生能源與核能	立場報導 position paper
12	12/01	全球溫暖化	立場報導 position paper
13	12/08	科學家的故事	科學家傳記的繕寫
14	12/15	科幻小說創作	以小組為單位創作
15	12/22	臺東大學植物景觀	以小組為單位創作

16	12/29	魯賓遜漂流記 or 白鯨記	閱讀後改寫為兒童程度的故事
17	01/05	科學或醫學研究報告	研究結論的敘述
18	01/12	結論心得分享	整體學習的分享
19	01/19	期末考（成果展示）	需投稿至報章雜誌等
作業規定：書籍心得報告、參觀報告、各類的寫作			
評量方式：相關寫作業 70%			
上課分享與討論 20%（三次未到重修）			
成果展示之製作 10%			

相關參考資料

潘震澤，〈年度科學寫作選〉，《科文論壇》。

陳慧娟（1998），〈科學寫作有效促進概念改變的教學策略〉，《中等教育》，49（6），123-131。

《心靈寫作創造你的意想世界》，心靈工坊。

黃秋芳，〈在「小說」與「童話」邊緣──從「小說童話」看「兒童」與「成人」兩大文學板塊相互靠近〉。

余我，《現代文學寫作技巧》。

張系國，《陌生的美》。

大專院校科普閱讀寫作相關課程之初步分析

廖尉岑

近來臺灣各大專院校積極發展科普閱讀寫作相關課程,本文經由網路蒐集各校相關課程資料,進行分類排比,針對課程性質、師資背景、學生成績評量等面向,加以比較分析,希望可以找到一些模式,提供未來課程發展與規劃的參考。

由於近年來臺灣不僅廣設大學,而且將許多技專院校升格為大學,以致於目前大學錄取率已超過 100%。更嚴重的是,臺灣出生率在十餘年前驟降,預計到了民國 105 年,大學新生人數將從 28 萬人降至 25 萬人,三萬人的差額將使許多大學系所招不到學生。因此為了提高招生競爭力,各大學莫不卯足全力,積極準備。課程的革新變成大學校務的重點項目,好的課程架構不僅短期內可爭取教育部教學卓越計劃,通過大學評鑑,更重要的是課程的革新可以改變大學的體質與學風,長遠來看,讓畢業學生具備共同特質與社會競爭力,在家長心中建立口碑品牌,才是一所大學可大可久的依據。

課程的革新如同魔術把戲,各家有各家的變法。有的學校注重國際交流與發展,不但強調英語授課,甚至進而推廣國內國外雙

學位認證。有的學校注重實務，開設許多就業課程，證照考試學程，培養學生第二專長。至於通識課程的改革，有部分針對閱讀寫作，進行相關課程的規劃重整。臺東大學在師院時期，開設「思維與寫作」課程，每一位學生皆要修習，以期增進循理寫作的能力。這項做法也為教育部所認同，給予多年期的大型計畫經費補助，課程的革新由通識中心主導，在通識課程架構下，以學院區分，設置人文經典閱讀、教育經典閱讀、科普經典閱讀等三類課程，並加設相關寫作課程。本文嘗試透過網路，蒐集各校相關課程的資料，針對各校課程性質、師資背景、學生成績評量等面向，與臺東大學加以比較其優劣差異，以提供未來臺東大學閱讀寫作課程，進行重整規劃的參考。

壹、教育部顧問室

　　教育部不是大學，但是很多大學的課程是由教育部來主導。進入教育部顧問室的網站，可以發現教育部重點支持下列計畫(1)人文教育革新中程綱要計畫(2)新興議題與專業教育革新中綱計畫(3)通識教育中程綱要計畫(4)全球化下的臺灣文史與藝術中程綱要計畫(5)海洋教育先導型計畫(6)防災科技教育深耕實驗研發計畫(7)大學跨學門科學人才培育銜接計畫(8)奈米國家型科技教育人才培育先導型計畫(9)資通訊科技人才培育先導型計畫(10)前瞻晶片系統設計人才培育先導計畫(11)無線射頻辨識（RFID）科技與應用人才培育先導型計畫(12)生物及醫學科技人才培育先導型計畫(13)影像顯示科技人才培育先導型計畫(14)產業設備系統設計人才培育先導型計畫

(15)工程科技跨領域——綠色科技人才培育先導型計畫等等,與本文主題科普閱讀寫作課程相關的計畫項目有(1)人文教育革新中程綱要計畫(2)新興議題與專業教育革新中綱計畫(3)通識教育中程綱要計畫等,在通識教育中程綱要計畫之下,全國各公私立大專校院,可以獲得下列四種類型的補助。A 類:一般課程發展,分為二組,第一組為技專校院組,第二組為其他大學校院(含軍警校院)組,由開設通識課程之專(兼)任教師提出申請。B 類:海洋主題課程發展,限非海事大專校院之專(兼)任教師提出申請。C 類:臺灣主題課程發展,由開設通識課程之專(兼)任教師提出申請。D 類:優質課程推廣。在教育部設定的主題框架下,沒有得到五年五百億補助的學校便想盡辦法來進行相關課程研發計畫的申請。補助是很重要的,沒有補助,這些通識課程很難從學校得到教學助理的名額,也沒有支應課程所需的材料經費。

下面將以學校為單位,進行比較分析,若有課程獲得教育部補助而開設的,將予以說明。此外依課程開設狀況,姑且將學校分為三類:(甲)小島型:如同海中冒出的離散小島,各自為政;(乙)群島型:有串聯,幾門課之間有合作;(丙)大陸型:由上而下,學校以通識為己任,課課通識。

一、臺灣大學

不可否認,臺灣大學是臺灣大學的龍頭,但是很可惜,在科普閱讀寫作課程方面,學校並沒有進行統整,基本上是屬於(甲)小島型,如同海中冒出的離散小島,各自為政,有些課有合作串聯,但規模不大。從網路資料,可以整理如下:

科幻作品與科技創意	葉李華	閱讀經典繪本	林維紅
科學在文化中的定位和挑戰	江才健	醫家經典選讀	蔡璧名
古代科技與文化	張嘉鳳	科技及其人文社會議題	陳竹亭
物質科學與社會	吳茂昆	民生化學與永續發展	劉廣定
現代科技與人類文明	陽毅平	工程發展與社會變遷	楊申語
科技與社會研究	傅大為	近代歐洲的科學與醫學	張谷銘
創意思考	洪淑宜	社會學經典閱讀	林國明
社會環境對人的影響	黃天祥		

　　其中陳竹亭、吳茂昆、劉廣定、黃天祥等人則是科學專業背景，有物理、有化學、有醫學，從科學專業角度出發，是傳統上這類通識課程開設的方式，各大學科普通識課程的規劃，師資通常就請科學背景的老師幫忙。張嘉鳳則是歷史專業，專攻科技史，從另一邊切入，反方向闡述。有沒有兩邊站的？葉李華是臺灣推廣科幻學不遺餘力的一位教授，他同時具有科學與文學創作的背景。江才健則是有名的記者與作家。而傅大為則是教育部科技與社會學門 STS（Science and Technology Studies）的負責人之一，STS 是甚麼？傅大為有個網站：臺灣 STS 虛擬社群（http://sts.nthu.edu.tw/），有 A to Z 的介紹。統而言之，臺大尚未建構全校性科普閱讀寫作相關課程。

　　至於評量方式，和其他課程一樣，有小考、期中考、期末考，有出席點名，有思考問題、上課小組討論、有心得筆記、期末報告等，依教師規定。由於無法取得該校學生評量分數（實際上任何學校的學生評量數據都不得而知），很難判斷其優劣成效。（資料引用自臺大網頁 http://www.ntu.edu.tw/chinese2009/，由於網路資料變動性大，本文不詳細註明其相關網址）

二、南華大學

　　南華大學是屬於（丙）大陸型：由上而下，學校以通識為己任，課課通識。南華藉由教育部計畫的補助，將通識教育設計成南華的最大特色之一，不但學生必需的通識學分數很多，而負責通識課程的專任教師人數也多。南華透過「以經典教育為導向的通識核心課程計畫」形成一個「核心課程學習體系」，將通識及專業教育間作進行完整串結。南華自認其通識教育有以下幾項特色：第一，通識學分數特高；第二，強調經典教育；第三，獨立且健全的課程設計與執行。檢視其開課狀況，與本文主題科普閱讀寫作課程相關的課程有：

外國經典——傅科《瘋癲與文明》	外國經典——傅科：規訓與懲罰
佛洛伊德	科學、新聞與生活
科學革命的結構	生命與自然科學講座
當代科技倫理的爭議	相對論
西洋科學思想史	科學涵養
科學的人生觀	棋經十三篇
中國科學思想史	物理之後的哲思
日常生活中的物理科學	邏輯與思維方法
亞里斯多德：《物理學》	

　　比較值得注意的是，在學生成績考量上，南華大學定出這樣的標準：「全班學期平均成績 75 分；不及格率 1/5～1/7」，的確是全國創舉。（資料引用自南華大學網頁 http://genedu.nhu.edu.tw/totalplan.php?id=7，由於網路資料變動性大，本文不詳細註明其相關網址）

三、陽明大學

陽明大學是以醫學院為主的學校，通識課程開課師資以「科際整合領域」名義聘任。通識課程開設以郭文華為主幹，郭文華為陽明大學醫學系畢業，清華大學歷史研究所碩士，麻省理工學院「科學技術與社會」研究所博士，具有最佳科普開課背景，曾開設課程有閱讀科普、性別與科學（2003 年秋）、生物科技開展的啟示（05年春）、科學主義與文化（06 年秋）、醫療知識與社會（06 年秋）等。其他有賴允亮的「臺灣本土醫療人物誌——典型在夙昔」、傅大為的「西方科學史」、黃怡超、程樹德、鄭明媛的「諾貝爾生理醫學獎得主人物誌」等。大概因為醫學院專業課程沉重，通識課程並沒有開設太多。（資料引用自陽明大學網頁 http://web.ym.edu.tw/front/bin/home.phtml，由於網路資料變動性大，本文不詳細註明其相關網址）

四、政治大學

政治大學是以人文、社會科學為主的學校，科學類的通識課程開課不多，與本文主題科普閱讀寫作課程相關的課程有：

二十世紀的科學成就	生活中的科學
科學傳播問題研究	「科學人開講」：科學、發現與發明
科學哲學名著選讀	與細菌爭鬥之科學基礎
科學與證據	二十世紀的科學成就

其中「科學人開講」：科學、發現與發明是由曾志朗開課，曾志朗是政大校友，可見課程的開設，完全取決於師資。（資料引用自政治大學網頁 https://course.nccu.edu.tw/qry-tor/#，由於網路資料變動性大，本文不詳細註明其相關網址）

五、小小的結論

　　由於網路資訊有限，很多學校開課內容無從得知，大半只能想當然爾，依理推敲。一個好的課程，除了良好的規劃，最重要的是執行教學的師資。我們從「教育部補助推動大學校院科技與社會跨領域教學計畫要點之補充說明」，就可以看出適合的師資，是很難組合的。該計畫要點要求教學團隊需要有三個成員一起提出，一位科技領域的，兩位人文社會的 STS 相關領域的。或者退而求其次，兩位科技領域的（一資深一資淺）、一位人文社會 STS 相關領域的。協同教學需要時間磨合，也需要大量精神的投入。而且如同前言所說，隨著社會劇變，課程的革新往往趨近功利，要求立竿見影，以前將大學定位是追求真理的殿堂，定位是素質潛移，精神默化的立命道場，如今在現實的壓力下，學生常常問「我們修這門課對未來就業有甚麼幫助？」，就學校的立場來看，一所大學並不是職業訓練所，也不是考取研究所、證照的補習班，如何培養真正的大學生，完全依賴好的通識課程，讓學生在經典的閱讀中，學到科學研究的真諦，在科普的閱讀中，認識科學家努力的過程與解決問題的態度策略。本文針對課程性質、師資背景、學生成績評量等面向，蒐集各校相關資料，進行分類排比，加以比較分析，目前僅有部分結果，未來將繼續蒐集資料、繼續研究，提供學校課程發展與規劃的參考。

第二篇

雜記篇

東大奇遇——遇見道耳吞

邱泰嘉

　　四月的東大校園裏被一股清新的空氣壟罩著，樹梢已有些許按耐不住的新芽冒出，妝點著春天的綠意。帶點涼意的微風吹拂在臉上，好不舒服。球場上也不時傳來，同學的吶喊與加油聲。隨著季節的轉換，校園裏總有些一想不到的地方，讓你不得不讚嘆造物者開天闢地的巧思。

　　踏著輕快步伐，慢慢的朝科學館走去。只見門口一堆學生在交頭接耳的討論事情，不禁引起我的好奇心。難道系上今天有什麼新奇的事情發生？於是悄悄的溜到學生旁邊，聽一下他們到底在討論什麼？會是這禮拜的普化作業嗎？還是今年的經典賽的賽程？還是校慶運動會的趣事呢？原來，都不是我心中所猜測的答案。據說系上的透過許多管道，好不容易才邀請到國際化學大師——道耳吞先生蒞臨本系演講。

　　心中不禁納悶，難道系上邀請的大師跟十八世紀提出「原子說」的那位道耳吞會不會是同一個？可是左想右想，似乎不太可能，怎麼可能將十八世紀的偉大的化學家找來？說不定國際上相同名字的學者到系上來演講。暫時止住心中的疑問，和學生一同進入視聽教室，找個前排的位置坐下，和主任打個招呼後，再抬頭看看前方，投影機清楚的將今天的講題「原子說」與主講人「道耳吞先生」投

影在白幕上。心中暗想怎麼這個巧，難道叫道耳吞的學者，都專門研究原子說或從事與原子相關的研究。心中依舊充滿著許多疑問，那就再等等吧，等演講者進來，一切不就都揭曉了。

耐心的等待著，不久之後，道耳吞先生終於在校長的陪同之下，進到了視聽教室。心中一驚，差點叫了出來，怎麼可能真的是他，真的跟普化課本上的圖片一模一樣。東大的名氣還真響亮，能邀請到提出「原子說」理論的創始人來演說。校長簡單的引言之後，接著開始介紹他身邊的道耳吞先生，校長：「很高興能邀請到國際知名化學家－道耳吞先生到應用科學系來演講，我們以熱烈的掌聲歡迎今天的來賓。他所要演講的題目是原子說」

在掌聲之後，只見道耳吞先生緩步的走上臺，開始他今天的演講主題「原子說」。首先，他抱怨時光機的設計不夠先進，讓他從十八世紀來到二十一世紀時，還要調整時差，一路也很顛頗。看來道耳吞先生到東大來一趟，一路上也經歷了一段很長的旅程。道耳吞先生首先提問：「同學們，你們有沒有修過普通化學？」只見底下的每一個同學都拼命的點頭。因為這是應用科學系學生的必修課之一，也是每一位學生不得不選的基礎科目。接著道耳吞先生又問：「同學們，有沒有學過原子說的理論？」底下點頭的同學似乎少了許多。道耳吞先生又問：「有沒有同學可以簡單的解釋一下原子說的理論？」只見全場都安靜了下來，連一根頭髮掉在地上的聲音都清晰可辨。這就是臺灣學生的特性，課堂上問有沒有問題，一定都沒有問題，一定要等到考試時，才知道問題在哪裡。道耳吞開玩笑的說：「想必是你們普通化學課的老師沒解釋清楚！」哎呀，真是冤枉啊！系上的每一位老師可都是很認真的上課呢！

　　道耳吞先生說：「沒關係，不管你們之前有沒有學會，今天我會好好的再說明一次原子說的理論，讓你們清楚瞭解原子說的精髓，所以你們要仔細聽喔，有什麼問題也可以直接提問。」現在的學生真幸福，能夠邀請原創者講解基本的概念。「原子說」所提出的論點就是：一、物質是由許多不能再分割的粒子（原子）所組成；二、相同元素的組成原子是一樣的且性質相同；三、化合物是由不同元素的原子以某種整數比組合而成；四、化學反應只是原子的重新排列組合。因此可將「原子說」的論點歸納為原子是組成元素的最基本粒子，而且必需具有元素的特性。由這些觀點更加支持之前所提出的定比定律及質量守恆定律。道耳吞接著說：「若是同學還有聽不懂的地方或想更深入的瞭解內容，可以參考我寫的書──化學原理的新體系。不過這是英文版，同學可以找找看是否有中譯本。」另外，道耳吞還說：「同學們，我除了提出原子說之外，還提出了許多定律，有沒有同學可以舉例？」只見底下的同學把頭放的更低了。心裏想著，這些內容明明在課堂上都有講過，也考過試了。果然，考完試後，同學們就把之前所學的都還給老師了。所以道耳吞只好自己說：「同學們，有聽過道耳吞分壓定律嗎？這也是我提出的理論之一唷！」只見少數同學點點頭。總算還有人記得，心裏稍微舒坦一些。所謂的「道耳吞分壓定律」就是混合氣體中氣體的總壓力為其各成份氣體在同樣狀況下單獨存在時壓力的總合。道耳吞先生此時又提問：「有沒有同學可以舉個生活中的例子說明道耳吞分壓定律？」只見坐在最後一排角落的同學緩緩的舉起手，並說道：「我們生活中的空氣，就是一個道耳吞分壓的實例。空氣本身就是一種混合物，它主要成份包括：氮氣、氧氣、水蒸氣、二氧化碳及惰性氣體等。混合的氣體當中，每種成份氣體都會貢獻部份壓力，這個分壓即為該

氣體單獨存在於與混合氣體相同體積的容器中產生的壓力。」道耳吞先生說到：「很好，這位同學舉了一個很生活化的例子，透過這個例子，大家應該都清楚瞭解什麼是道耳吞分壓定律了。」

　　時間總是過得飛快，短短的兩個小時，一下就過了，不過聆聽大師的演講，真的是勝讀十年書，收穫很多。經由道耳吞先生精彩的解說，同學們現在應該很清楚什麼是「原子說」與「道耳吞分壓定律」。我們隨著校長目送道耳吞先生搭著他的時光機離開，倏的一下就不見了。心想真希望道耳吞先生能多留一些時間，將整個當時的理論推演過程講述給學生聽，一定也很精彩。也可讓學生瞭解到科學是一門有趣的課程，需要多動腦與具備敏銳的觀察力與行動力。看到同學洋溢著滿意的表情，我也就心滿意足了，也許下次有機會再跟大師相遇於東大的校園吧！

從「跨領域研究」來談科學普及

楊義清

　　最近筆者嘗試與就讀中國文學系博士班的弟弟跨領域合作來研究[1]，藉由兩人各別的專長來解讀中國古代史籍裡異常視直徑流星的紀錄。這次研究中除了筆者個人對於天文學的知識以外，還需要舍弟來將艱澀的古文翻譯成較白話的文字，經由兩人的跨領域合作才有機會完成此次的研究。「跨領域研究」的概念在近年來已經成為行政院國家科學委員會推動國家學術發展的策略之一，或為國內一流大學對於教學與研究上的推展方向。我們必須正視學術大環境中的這一股潮流，若是忽略了對於大環境潮流的順應，就將會產生『逆水行舟、不進則退』的情況，使得國家社會裡若干環節的發展停滯不前。

　　由「跨領域研究」的概念出發，讓我們稍稍地來思考「科學普及」在通識教育中的重要性。以往的大學教育之中，教學者或學習者往往都會不自覺地專注於專業領域之中，冀望在個別專屬領域之中能有不錯的表現。然而現今的學術環境卻常常會在兩個或多個領域間交集的區域中出現熱門話題的狀況，這種情形有許多是發生在由自然科學與其他領域所交集的區域，例如與歷史學、生命科學、

---

[1] 楊義清、楊義騰（2007）。在兩漢間的異常視直徑流星紀錄之探討。通識教育與跨域研究。第二卷第一期，頁89-102。

管理學、藝術……等。因此，對這些身處於會與自然科學領域產生
交集學門的教學者或學習者而言，嘗試著接觸自然科學就變得有其
必要性，換言之便是要將自然科學普及到每個相關的領域。從上述
的說明，我們可以看到將自然科學往外拓展的重要性，但這個拓展
的範圍好像跟普及還有一段不小的差距。

　　根據維基百科對於「科學普及」的定義是「以淺顯的方式向普
通大眾普及科學技術知識，倡導科學方法、傳播科學思想、弘揚科
學精神的活動。」由上述的定義，個人試著將科學的內涵略分為兩
個層面：表層與裡層。所謂的表層指的是知識與方法的範疇，一
般多由書籍或文章等方式被呈現出來，人們很容易地由閱讀等方
式將之取得。而裡層則是指邏輯推理與思維的層次，由於邏輯推
理與思維都是較為抽象地，因此就需要較長的時間來頻繁地運作
之。《道德經》中有一段話說「人法地，地法天，天法道，道法自然。」
這裡所說的「道」指的是自然界規則，那麼「自然」二字就該被視
為由許多自然界規則所建構的體系，所以從這段話所闡述的道理來
看，我們應該試著去學習自然界規則所建構的體系。這個體系也
就是前面所區分出來的科學裡層內涵，我們越是對自然界規則所
建構的體系有所體悟，便是越接近對科學裡層內涵的瞭解。因此
科學所需要被普及並非是科學知識與科學方法，而是科學思想與
科學精神。

　　現代社會中對於科學普及的意義可分為兩個層面：對於學術研
究領域來說，是普及科學技術知識與科學方法；但是對於普通大眾
來說，普及科學思想與科學精神才是有其效益的。常常我們可以在
各式商業媒體上看到某些「大師」吹噓著商品的具有神奇的「磁
場」，可是「大師」口中所說的神奇「磁場」跟臺電變電場的所產

生的磁場並無不同。但一般民眾對前者趨之若鶩，而對後者卻是避之唯恐不及。自然界中的磁場就只有一種，但是大眾對磁場卻可以有兩種以上的看法，這樣的情況真不禁令人對於社會大眾的科學思想及科學精神不足而憂心。所以，特別是對於擔負人才培育的大專院校而言，更是要致力於對學生普及科學思想與科學精神，如此才能為國家社會注入充足的能量與動力。

人，科學，科學人──科普 Q&A

廖尉岑

> 在人的世界裡，科學以人類的各種活動與面貌呈現，或者應該
> 說，在人類的各種活動與面貌裡，可以找到一些模式與結構，
> 我們稱之為科學。

　　志零老師是同學公認的大刀，志零老師立志要讓學不會的同學
數目降到零，但是同學卻都認為志零老師的考卷讓大家志在零分。
班上的小明與小白坐在一起，感情很好，好到成績都一樣好。這次
科學通識能力測驗，志零老師特別安排了ㄅㄆ卷，結果考下來，小
明與小白通通都答對，通通的意思就是沒有一題例外，這讓出題的
志零老師傷心不已，沒有鑑別度，如何是好，志零老師決定要問問
小明與小白，問明白問個明白。

Q1：牛頓被甚麼打到而發現「萬有引力」？
Answer：A.蘋果；B.柳丁；C.釋迦；D.榴槤

　　開卷第一題，小明的ㄅ卷，小白的ㄆ卷，都是同樣的題目，志
零老師注意兩人答題的速度，如果答案一樣，總不會答題快的人偷
看答題慢的人吧，跟科學的發表一樣，只有第一，沒有第二。不過

世上也沒有那麼肯定不變的道理，有時答題快的人反而是錯的，搶快答題是現世科研的趨勢，志零老師想起研究所時的夢魘，不禁搖頭。那時候基因選殖是熱門的題目，有人在研討會時會展示一張基因已經部分定序好的投影片，此時會場中競爭的對手便埋伏眾多人手，每人負責一部分，在短短數秒中內，有的記下左上開始的 agct，有的記下右下開始的 agct，在演講一結束，匯集諸人情資，回送本部，與自己定序好的基因序列，驗證補缺，論文便立即送出，搶時效，爭第一！但是，科學研究必需這樣搶第一嗎？

　　不管如何，先看看這一題，小明與小白，不但答案一樣，答題的速度也一樣，更跳腳的是答題理由也一樣，「要想知道誰被打，被甚麼打到，選蘋果就對了」

Q2：牛頓被蘋果打到而發現「甚麼力」？
Answer：A.萬有吸力；B.萬有引力；C.億有引力；D.吸引力

　　小明考ㄅ卷，發現第二題與第一題，很像，可是志零老師有那麼好相與嗎？牛頓被蘋果打到而發現「萬有引力」，難道不會也發現「萬有吸力」或是其他力嗎？舉手了，「老師，是單選題？」……「嗯，應該是吧？」

　　古今中外，同樣的問題，不斷的有人研究，答案有時相同，有時不同。科學實驗注重再現性，但也注意到儀器或人為的誤差，牛頓被蘋果打到，真的是發現「萬有引力」嗎，這是只有一個標準答案的問題嗎？萬有引力和億有引力是不是指同一種現象呢，對於事實真相的探究，科學研究和其它學門一樣，也有 20/80 規則，語言是兩面刃，是帶著陷阱的工具，有多少功夫是耗費在周邊的解釋與轉譯呢？

小明這一題答對了，在他舉手問問題的時候。

Q3：被蘋果打到而發現「萬有引力」的是？
Answer：A.牛頓；B.馬克思；C.虎克；D.羊格

小白坐在小明隔壁，考夕卷，小白有個點，不知道該算是優點還是缺點，剛剛看過的東西會馬上忘掉。他一看題目，嘿嘿，是他的強項，是生物題。是牛？是馬？是虎？還是羊？首先要解決的問題是在甚麼地方會有蘋果？嗯，很多地方，那麼從答案推回來好了，甚麼地方會同時有牛、馬、虎、還有羊？動物園呀，沒錯，關鍵在老虎，因為有很多地方同時牛、馬、羊，例如牧場啊，草原啊，可是也同時可以看到老虎的，就只有動物園了。Ok，接下來要想的是蘋果怎麼打出去，用投球機嗎？小白最近在動物園旁邊的棒球打擊練習場打工，因為投球機壞了，老闆要他在投球機後代替機器投球，每個打擊練習的客人都滿意極了，因為他們輕輕鬆鬆就把設定 150 公里的球揮擊成全壘打，只是把原來可能在大聯盟發光發熱的小白累壞了，手臂不聽指揮，有一球甚至飛出場外，打到正在溪邊吃草的老牛身上。

那就是了，小白在試卷上圈選答案。

Q4：李遠哲的博士論文指導教授最常吃的水果是？
Answer：A.蘋果；B.香蕉；C.釋迦；D 榴槤

「明白嗎？」志零老師說，小明和小白對看一眼，「明－白－嗎？說說看」，小明和小白又對看一眼，同時舉手說「是明還是白？」老

師在上課時最喜歡講李遠哲的故事，有一次李遠哲問他的博士論文指導教授，接下來該怎麼做，指導教授想了一下說，「我如果知道，那又何必找你來呢？」。在科學界的師生關係，其實和其他行業一樣，拿餐飲業來說，小徒弟一開始要洗碗洗筷倒垃圾，從最簡單的工作做起，很多事情都是邊看邊學，到了最後，都要自己創新，才能出人頭地。由於學術研究著重在創意，而創新的意念往往在一杯咖啡、一句玩笑話中產生，導致學術界師生間的青藍之爭更為嚴重，在現今強調功利的社會裡，轉役多師時有所聞，師生關係並非全是善始善終的。

又是奇怪的題目，誰知道李遠哲的博士論文指導教授最常吃的水果是甚麼呢？小明和小白笑了笑，這種爆料的事，就是蘋果啦。

Q5：居禮夫人出門都坐甚麼車？
Answer：A.牛車；B.馬車；C.三輪車；D.勞斯萊斯

李遠哲的偶像是居禮夫人，志零老師的偶像是李遠哲，偶像的偶像也是偶像。不過志零老師對居禮先生比較有興趣，如果居禮先生不那麼早去世，居禮夫人會是現在大家所認識的居禮夫人嗎，古今中外，女性在科學研究上通常都是處於弱勢，就算在現代的美國，1960年代時，仍有歧視女性的習慣，如果夫婦倆人在同一所大學任教，只有先生能擔任正職，太太是附屬的，知名的諾貝爾獎得主，跳躍基因（jumping gene）的發現者，麥克琳杜克也在大學裏受到不公平的待遇，一直無法擁有正式的職位。一直到非常最近，學術界也還是不公不平天下太平。

小明考這一題，想也不想就寫下答案，夫人，所謂夫人就是穿著貴婦圓裙，拿支小傘，出門都是坐南瓜馬車的啦。

Q6：愛因斯坦最愛演奏甚麼樂器？

Answer：A.小提琴；B.鋼琴；C.胡琴；D.長笛

據說在二十世紀初，居禮夫人是少數幾位懂得愛因斯坦的「相對論」的科學家，到現在，「相對論」仍是科普工作者的最愛之一，許多衍生出來的泛科學作品讓讀者難以選擇。愛因斯坦的童年求學經驗，讓許多家長迷惑，也許自己不乖乖背書的小孩是另一個愛因斯坦。愛因斯坦的戀愛婚姻經驗，也讓許多科學史家迷惑，陳世美般的薄情，偉大科學家的愛因斯坦在家庭婚姻關係上，是非常「相對」的不偉大。

小白不知道答案，他只知道國中入學時，家長都要求小孩考音樂班、美術班甚至體育班，因為這種變相的分班，據說可以有較好的升學師資，是嗎？小白那時候向親戚借了支小提琴，臨時惡補了一下，每天讓小狗阿福、小貓大雄和自己組成海角淒嚎超級 Band，喧囂不已。小提琴，就是這個答案吧。

Q7：達爾文提出「進化論」是在幾年前？

Answer：A.100 年；B.150 年；C.200 年；D.250 年

比起愛因斯坦，達爾文則是紫微命盤完全不同的人。達爾文是世俗眼中標準「好命」的人，一輩子不愁吃穿，但也福禍相倚，終生罹患不知名的「富貴病」，痛苦一生。達爾文的成功驗證了年輕時長途旅行與建立偉大事業之間的相關性，例如司馬遷、諸葛亮，例

如切‧格瓦拉，達爾文在小獵犬號上的五年旅行，從地質學理論引發的靈感開始，到加拉巴哥群島上，各自適應島上的自然環境的生物分布的觀察記錄，造就了影響近世深遠的「進化論」。

小明不知道答案，他數學不很強，國文要補強，歷史鬼打牆。誰會去知道甚麼人在甚麼年提出甚麼理論呢？不過小明倒是變魔術高手，他可以在一塊黑布上，將四個硬幣變來變去。上次志零老師教遺傳時跟他借了幾個硬幣去解釋生男生女的機率問題，他說每次的生男生女機率都是 1/2，就像硬幣有正反兩面，結果志零老師實驗的結果，居然每次都是蔣大頭，弄得臉紅脖子粗。後來才知道有些魔術用硬幣兩面都是蔣大頭。小明實在不知道答案，就用硬幣猜答案吧，轉一轉，看看蔣大頭的嘴巴嘟著那一個答案了。

Q8：孟德爾種了甚麼而發現遺傳定律？
Answer：A.蘋果；B.柳丁；C.豌豆；D.蝦米

科學與宗教並不相剋，也不相生，有些偉大的科學家如法拉第等人具有非常虔誠的宗教信仰，而有些無神論者，不論擁有多高的學歷，也不具備著科學的精神與態度。在格林童話裡，傑克藉者聳入雲端的豌豆藤蔓爬到巨人的家，豌豆似乎已經具備了創造奇績的特質。一位奧地利神父根據多年的種植與觀察，分析豌豆的幾種特性，進而提出了生物遺傳的基本定律。有人說孟德爾選擇了豌豆，是運氣好，因為如果選了別種植物，得不到單純的二項式分布，這樣的數據將很難分析；也有人說孟德爾運氣不好，研究成果要等待多年以後善心人士的重新發現。

老實說，科學是需要點運氣，而誰運氣好，誰運氣不好，就只有宗教才有答案了。

小白不認識孟德爾，不過昨天晚上吃了盤木耳炒豌豆，不錯吃，就豌豆這一個答案了。

Q9：誰在死後留下眼睛，要求醫生做有關色盲的研究？
Answer：A.道爾頓；B.密爾頓；C.漢米爾頓；D.牛頓

志零老師不願意吃蝦子，因為在研究所做蝦子的研究，他將蝦子的眼睛摘下，從中萃取一種酵素，研究這種酵素的功能與特性。有些人研究魚，所以不吃魚，小明與小白聽到這裡，不禁對笑，那研究人最好，因為不會吃人。志零老師也說東周時伍子胥自殺前要求把眼睛放在城門上，以便看越軍入侵滅吳。希臘神話裡蛇髮女妖梅杜莎，被英雄砍下頭，凡是被她看到的，都變成石頭。

小明知道蛇髮女妖，不過沒聽說梅杜莎有色盲。前一陣子到表姐家作客，表姐夫是貿易商，專門進口西洋傢俱磁器。表姐夫指者一個花瓶說，這家皇家道爾頓是目前英國最大的骨瓷出口製造商，他們把希臘神話的蛇髮魔女梅杜莎形象放進瓷面中，詭豔造型，一時引領時尚。小明想想，答案也許就道爾頓了。

Q10：誰是史上推甄殺最大？
Answer：A.牛頓；B.法拉第；C.哥倫布；D.虎克

志零老師上課時都要求同學做筆記，他說有人聽了位科學家 4 節課，寫了 386 頁筆記，結果靠著這本筆記，成功地推薦自己，成

為實驗室的助理。這個人是誰呢？志零老師說課本有他的名字，要
同學多讀讀科普書及科學家傳記。小白舉手說寧可花時間在練球
上，那天成為職棒選手，賺的錢可多了。志零老師愣了下，其實科
學研究工作，本來就不興斤斤計較，一切都是興趣所致，如果人生
以賺錢為本，那倒真不要走科學研究這條路的。

　　小白不知道答案，不過推甄，通常要準備，準備通常需要時間，
　　時間就是金錢，所以名字聽起來像是名牌跑車的，當然贏面大
　　一點囉。

Q11：開發臺灣，引進各項民生技術，有「臺灣諸葛」之稱的人是？
Answer：A.金庸；B.豬哥亮；C.陳近南；D.黃蓉

　　在東方提到科學史，不免要談及「李約瑟的難題」，為什麼明代
中葉以前，如「天工開物」所記載一般，中國的科技領先全球，然
而之後的三、四百年，卻反由西方主導現代科學的發展呢？有人指
出癥結在於中國的統治階級重農抑商，無法產生適合科學發展的資
本商業社會，有人認為科舉制度限制了人才就業的選擇，也有人歸
因於中國人強調天人合一的觀念，不願意過分發展人為技術，違逆
自然。不管如何，從「Made in Taiwan」到「Made in China」，中國
的科技就像長江慢慢繞了一大圈後，繼續江水又東、江水又東了。

　　「為人不識陳近南，就稱英雄也枉然」，小明就這題最有把握，
　　雖然小明不知道陳近南在成功沒有了以後，才成功地開化臺灣
　　的這些史實。小明比較關心的是葉問的詠春拳跟陳近南有沒有
　　關係。

Q12：為什麼小明與小白知道這些問題的答案？
Answer：A.機運；B.努力；C.天才；D.志零老師不小心

　　小明與小白考完後一起吃不用錢的釋迦冰淇淋，說說這次考試。小明說，其實喔，是志零老師不小心，我發現答案與答案ABCD 之間的距離不一樣，有一個答案比其它三個更遠離答案題號，可能是志零老師出題時最後貼上答案時多按一個 space 鍵。嗯，小白說，是啊，我的那一份也是志零老師不小心，他可能是用正確答案用深藍色字體，結果用黑白印出，如果仔細看，字中橫線是虛線構成，試卷上答案自然有顏色上的些微差異了。真相只有一個：科學研究在於觀察力，而觀察力的重點在於細節，誰說志零老師不小心呢？

2005，海濱一隅

董恕明

去年離開的時間，今年回家了嗎？雲踩著散漫的步子，倒著
走，天始終沉著臉，不說話。只有飛機在重雲裡，來來回回
開腸剖肚，鼓譟，同浪花一樣，忙。而那個叫自然的傢伙
更忙！今天早早就刷洗好，準備接客，來者全是未知的謎

這個、那個……正一閃一閃落座在長堤上，發光。有些
踩著弓弦的腳步，一些，則愛極了燒杯裡的秘密，還有的
更樂於在人世的骨骸裡穿梭，避免靈魂時不時哮喘。一雙
蔽天的羽翼，拖著上帝隆隆的訓示，迎面飛來！然而，究竟
分裂或合併，那一種好？左邊頑固的長路，和右邊柔軟
的細沙，經常要越過彼此的中線，丟著狂風暴雨，吵

鬧！這可累了往來調停的蝴蝶和飛鳥，再美麗，再能言
善道，也只得苦著臉，笑。更別提那些綠樹、青草、巨石
波浪……依著三餐加晚禱，必得按兩方的恩怨情仇，選邊
站！站在那兒，都敲在自然的心上，抽痛。每日每夜，他睜開

眼，點數身上的傷疤，不知道是何時跌的跤，還是誰的衝撞。他
畢竟沒有自己以為的堅強，幸虧有太陽和月亮記得輪班為他熱敷

擦藥。至於那經常要離家出走的雲，就隨她去吧！當她想念
風，她便會沿著波浪上跳躍的星光，不分晝夜，穿越分秒
的邊界，回來聽大海說著頑石的閒話，天地
的家常，在溫柔的風中，抹去塵勞
憂傷

「結構」之外的，胡思亂想

董恕明

　　回想在 2004 年的夏天，我很慶幸有機會與黃惠信老師，共同合作上「科普寫作」的課。也正是因為這門課，讓我有機會具體檢視個人所學，和其他「非人文社會學科」領域的專家互動時，有那些可能與不可能。至於去聽「閱讀與寫作在科學與數學領域上的應用國際學術研討會」，實際上也是拜黃老師所賜！

　　而我作為一個唸中國文學，或廣義的說是學「人文學科」的人，坐在那樣一個會場，耳朵聽的或心中所想的，是同樣的一件事嗎？聽著講者告訴我們，如何藉由「科學」的「精神」（「特質」或「本質」？），將其浸透到作為其他學科在從事閱讀和寫作的「方法」：有秩序、有步驟、有因果、有推論……最終是有一個「理性的結構」（包含：常識、學科專業和文體知識的有機統合？），並由此能再進一步，描繪出位於「科學的」和「非科學的」文本之間，是不是真的那麼一條不可踰越的鴻溝，或一切原是各司其職的不同分工？

　　研討會中，雖有「逃學」的時刻，但是單單坐在那裡，就感到這世界之所以有趣，正是因為有一群會對這宇宙萬物，從各種角度、位置、方向……刨根問底的人。在聽了其中四場的討論，姑且用我個人比較熟悉的「文體」（有意義的形式）和「專業」（文學訓練），來紀錄我所能「想像」的「常識」：

人

把一個字，大卸八塊，用解剖
刀、劍、斧、剪、針、線……，拆開
挖掘、開墾、組裝、整形、縫合……，再繼續深入
追蹤、掃瞄、複診、健檢、灌溉、施肥……，直到
揉搓成螢幕上，漫天閃爍的星光，喧嘩。

而誰又正在細聽每雙眼睛的聖、賢、平、庸、愚、劣……，瑩瑩
懸在無垠的蒼穹，寂寞。隨後，滴滴答答、嗡嗡嗡……的
每一個聲響，也離開了他僵硬的身體，四處漂流、戲耍
游蕩，發現自己的某處，正掛在這個、那個……
誰的身上，有些是天作之合，有些當然
不免貌合神離，弄到那個名為「基因」的傢伙，前仆後繼
聲嘶力竭：「我在泥中，你在我中」！一切，原不過

就是一個字，一聲上帝遺忘的
嘆息，開闔
明滅，在一顆
球的淚光裏

求知

散落一地，隱藏不見，東飄西盪的解答
都交給公正無私的＋、－、×、÷……，必要時，使出
殺手鐧，設 a＝x 時，b 應該要帶著
y 攜械逃亡，或就地陣亡？當然，再如何聰慧機敏

的亡命天涯，最終都必須繳械投降。一旦
當 What、How、Why、When、Where……
這些天神創造的工匠、藝師、騎士、術士……以至
群魔，早已精心打造好一座寬天闊地
的牢房，讓謎一墜入了地獄，天堂
就開始奔忙，正像屬於「1」的全有，和
歸於「0」的虛空，始終念念不忘，眾神
之下的，那是誰？請——
放下屠刀，在 $E=mc^2$ 時，那曾經
墜落的蘋果，終於能安心回到
上帝的懷抱，吹吹風
曬曬太陽

說明

汽水怎麼了？燈泡怎麼了？鹽在
水裡發生了什麼事？據說
1＋1 不一定等於 2 的時候
我喝下，那長了泡泡的，有點
皮皮的，甚至有時還色色的
什麼，溜進我的肚裏，它便
長成一朵花，一朵雲，或就是
魔鬼臉上，終於綻放
的良心，也像那病了的燈
找到了自己的光。更別提那
鹹鹹的淚，在甜甜

的愛裏，攪一攪，它就
歡天喜地的，忘了
憂傷

本質

樹當然會生病。如果連
泥土病了，陽光病了，風也病了
誰還能頭好壯壯？
時間當然會遲到。如果連
泥土都不唱歌了，陽光不微笑了
風不再胡鬧了，誰還想要
準時和這個世界打交道？
當然，還是有誰，每時每刻
令小花、小草、小貓、小狗……，
都病了，因為它是醫生，而非得健康
當然，還是有誰，每分每秒
令細菌、傷口、紛爭、災難……，
都忙碌不堪，因為它是人，而必須
守時

書寫自然

董恕明

一、引言：「自然」來到我們面前時，我們認得「它」嗎？

　　人既然是從自然當中來，古往今來的創作者，無論他所學為何，都迴避不了他自身所面對到的「自然」：從生、老、病、死這類屬於生命的衰朽榮枯；或是「地球」作為一個「有生命的球體」，它又是怎麼在生生死死。這些讓人們皓首窮經在追尋的解答提問，大體而言，都是「自然」給予人類最特別的禮物（考驗）。

　　當人類走入了二十一世紀，開始過起一種越來越進步、便捷和文明的生活，人如果從來沒有把「自然」棄之不顧，今人在觀察、紀錄與書寫自然時，是不是也早就累積出許多比先人更高明的看法？至少不是只能說說「好鳥枝頭亦朋友，落花水面皆文章」，或「縱浪大化中，不喜亦不懼，應盡便需盡，無復獨多慮」這類的話而已。前人說出這些話時，可以是一時的感悟興發，也可能是極為真實的生命體悟，不論屬於何者，他們彷彿都說出了某種我們在面對自然，或者是人生的一種態度，在這種態度裏，我們也多少能感受到人與自然相處的「和諧之道」。既然自然從來就在我們的

身邊，我們對「自然」的抒情、敘事與說理也從不少見，但在「書寫自然」這件事上，現代人是不是確實有些不同於古人的作法、想法與寫法？

在這篇文章中，我會對「現代自然寫作」的態度、方法和精神作一簡要的說明，但不會「從嚴」去認定我們在書寫自然時，是不是「非這樣寫」或「非那樣寫」，才是「正確書寫自然」的方式。與其將此文看作是一篇對於書寫自然方法的「密技」介紹，不如將它看作我們可以從那些作家作品的寫作中，具體去觀察與體會別人是如何書寫自然，進而回到自己的生活與生命經驗中，去處理與面對我們與自然相遇、相處繼之是相知的深淺。

二、關於「現代自然寫作」的一些觀念

當「自然」本來就不是，或再也不是一種像陽光、空氣、水……這類擁有時不覺察，失去時便會「致命」的存在；當我們終於明白人類在意的從不是自然本身，只是人類自己；當人一而再，再而三的要確定「人與自然」的關係，偏偏這個問題根本不在自然，而是人怎麼了時，人又是怎麼在觀看、期待和改造一個我們「自以為是」的自然？不妨先借用學者吳明益對「現代自然寫作」的言詮，開啟我們對書寫自然這個「書寫」活動的想像：

> 「文學範疇的現代自然寫作」常蘊藉了幾個向度的特質：首先，「自然」不再只扮演文學中襯托、背景的位置，而成為被書寫的主位。其次，作者「涉入」現場，注視、觀察、紀錄、

探究與發現等「非虛構」（nonfiction）[1]的經驗，成為作者創作過程中的必要歷程。必須強調的是，自然經驗著眼在「野性」（wildness），而非僅止於荒野（wilderness）。第三，自然知識符碼的運用，與客觀上的知性理解成為主要肌理，這包含了對生物學、自然科學、自然史、現代生態學、環境倫理學等知識的掌握。第四，書寫者對自然有相當程度的「尊重」與「理解」，既非流於傷逝悲秋的感性情緒，也避免將人類的道德觀、價值觀與美學觀歸諸於其它生物上，而能呈現某種超越「人類中心主義」（Anthropocentrism）[2]的情懷。第五，從形式上看，自然寫作常是一種個人敘述（personal narrative）的文類，常見以日誌（journal）、遊記（journey）、年記（Almanac）、報導（report）等形式呈現，但容許獨特的觀察與敘述模式。從非「科學報告」式的敘述語彙中，書寫者個人的書寫風格與文學質素也就因此流露[3]。

　　從上段引述的文字，作一「聯想」，這近似於一種「大道滅，禮義興」的「自然版」，亦即若不是人深刻的意識到「自然」的改變，實在很難體會為什麼在「書寫自然」中，會有這些我們不曾留意或不熟悉的寫作觀念與態度。將引文概括言之，主要包含兩方面，即書寫的對象與書寫者的特質。關於書寫對象，是「成為主體的自然」。

---

[1] 參見吳明益〈書寫自然的幽微與天啟〉，《臺灣自然寫作選》。臺北：二魚。2003年7月。頁20。

[2] 參見吳明益〈書寫自然的幽微與天啟〉，《臺灣自然寫作選》。臺北：二魚。2003年7月。頁12-13。

[3] 參見吳明益〈書寫自然的幽微與天啟〉，《臺灣自然寫作選》。臺北：二魚。2003年7月。頁20-21。

至於書寫者的特質，則是他要能以「科學的實踐」進入現場，實際
紀錄、觀察與探究發現「自然經驗」中的「野性」，除此而外還要
具備「科學的知性」，這其中包括了對「自然符碼」的運用，對生
物學、自然科學、自然史、現代生態學、環境倫理學等知識一定程
度的了解，最終再以作者書寫表現上的「個人取捨」，成就其「自然
寫作」。沿著這個脈絡檢視下來，自然從來不會只是「自然是什麼」，
它更常碰到，甚至一直是如此的處境是——「什麼人想要什麼樣的
自然」[4]？而在前述嚴格規範下設想的「自然寫作」，至少要是個具
備「相當程度現代化科學知識」，並且是兼具人文素養、審美能力和
寫作才能的「人」，才「有條件」能從事的書寫活動。

　　學者的說法，自有他立論的根據和學科的期許，但對一般的讀者
或寫作者來說，是不是要「按表操課」才能開始寫作，那自又有不同
的取捨。我把這個在相當意義上是相對「嚴謹」的寫作觀念與方法置
於此，主要的作用是希望從這些說法裏頭，我們能經由實際的閱讀
與書寫，進而對我們身處的自然，有更多面向與不同肌理的認識。

三、書寫自然中「第一自然」[5]對讀者的啟發

　　在八十年代起，有許多漢人作家投入對「自然」的寫作，如劉
克襄、陳冠學、心岱、孟東籬、徐仁修、王家祥……等人[6]，幾乎與

4　參見林益仁〈從解讀兩本環境生態經典作品談起　譯介生態思潮的地理學想
　　像：一個文化地理學的角度〉。文山社大電子報。
5　關於「第一自然」的討論，可參看孫大川〈捍衛第一自然——當代臺灣原住
　　民文學作品中的原始生命力〉。政治大學，臺灣文學部落格。
6　參見參見吳明益〈書寫自然的幽微與天啟〉，《臺灣自然寫作選》。臺北：二

這些作家作品同時出現的，還有另一批「非得與比較自然的自然打交道」的原住民作家，也是這麼不知不覺，自然而然的在他們生活的山林海洋世界中，書寫他們所經驗到的自然，如莫那能、胡德夫、孫大川、夏曼‧藍波安、拓拔斯‧塔瑪匹瑪、瓦歷斯‧諾幹等人。我們不妨透過原住民作家的作品，讓我們重再體會「第一自然」中的「原始的生命力」，是怎麼在作家作品中呈現。

　人除了在時間的流轉裏出處進退，相應的還有人在空間中對「自然」（「場所」或「地方」）的回應，這眼前當下的「場景」，具體安放了人的「存在感」，「此時此刻」若是永恆的暫歇與綿延，「在場」便是時間藉著人事物的移轉更迭現身上場。終究沒有非如何不可的「時空」，只有人自棄自絕於此時此在，才會感到天地是牢籠，永恆是折磨。例如孫大川說山道海，指出現代人如何能從「回歸山海」的經驗中，重新省思我們觀看與對待世界的方式，這對許多已經遠離「山海中人」的人而言，確實是個彷彿熟悉實際卻又陌生的感受[7]。在〈「山」的想像〉[8]一文，他提到原住民的老人怎麼說山看山和經驗山：

> ……「山」是有性情的，或肅穆或神密或哀戚或寬厚或莊嚴……，沒有能盡識其面目。我曾聽說過一個原住民老人談論臺東地區諸山的「脾氣」，驚嘆其對山的完備知識。他不但能準確地標出各山之高度、位置、形態、走向等等；更有趣的是他竟能將臺東縱谷各個山脈聯繫成一「有機」的整體，彷彿它們那樣的存在不是偶然的，它們彼此間似乎被某種「目的」所含攝。

魚。2003 年 7 月。
[7] 參見孫大川〈捍衛第一自然──當代臺灣原住民文學中的原始生命力〉一文。
[8] 參見《久久酒一次》。臺北：張老師。頁 51-52。

於是在他眼中，山不再是「靜物」，他有癖好，有感應。聽他
講山，才知道山也有文法，有邏輯，甚至有形上學！

……他指著都蘭山，談到從他祖父的祖父的祖父流傳下來的有
關都蘭山的神話；尤其在陰雨的日子，被白雲籠罩的都蘭山，
簡直可以向我們「證明」那些神話情節的真實性。有時，他也
提到山中不同獸物出沒的時地，以及一些充滿冒險意味的狩獵
故事，從鬥力、鬥志到鬥氣，山的世界是繁複的！人類和它的
對話，從實際到想像，一路糾纏。

當然，老人也知道文明是山最可怕的敵人，各式各樣的機械
力，正逐步揭去山的神秘面紗，它的想像空間減少了，甚至失
去了「性情」，沒了「脾氣」；但是老人說，當人對大自然、
對山的想像剝落殆盡，人也將失去他一切的「空間」。

……將「死亡」和「山」關聯起來，使我終於明白老人為什麼
始終堅持「上山」是一種「冒險」而不是「觀光」；不是體育
活動，而是一種精神鍛鍊的的原因。登山者，在生死一線之間，
學習尊重生命，認識「山」的意義。[9]

從「『山』是有性情的……」這句話開始，一語道破了我們從
來不少有的文明知識，常讓我們灌注了太多的力氣與熱情在發明種
種進步便利的器具，進行對山（自然）的改造，卻不知不覺放棄了
那種與天地萬物「同生共感」的能力，這不是修辭學上的「擬人
法」，是人原具有「物傷其類」的同情，它是德行的實踐也是美感
的落實。所以原住民老人對山的理解與體會，從不只是知識的，更
是屬於「倫理」與「審美」的。在這裏有山的性情，有人的相應，

---

[9] 參見《久久酒一次》。臺北：張老師。頁 51-52。

兩兩能嚴守彼此的份際，保留各自「想像」的位置，人在作為上知
所節制，山才能適情適性回應人。也唯有如此，我們方能真實的體
驗到天地的無言之教，本不是出於對生命的「威脅」，而是源於萬物
間的「尊重」。

　　山是有脾氣的山，山也是大多數臺灣原住民生活的場域，老人
家看到文明挾帶著械具從事對山的「整形」，直接影響到的是人的空
間，而這個「空間」對大多數的臺灣原住民同胞而言，不是風景名
勝觀光景點，是他們賴以生長的家園，家園經受現代的洗禮卻要以
「毀容」作代價，這讓「山地人」情何以堪？就如孫大川在〈不唱
山歌心不爽〉[10]中所述：

> 「山」和「歌」是原住民的靈魂。「山」是沉默的，原住民的
> 祖先卻為他譜出了聲音；山歌繚繞，比那溪流還蜿蜒；人與大
> 自然的神秘交談，就這樣持續了幾千年。
>
> 也許就基於這種感情，我對臺灣到處可見的「挖山」工程有極
> 深的厭惡感。臺北盆地四周的山巒，幾乎每個月都會有新的傷
> 口，黃土的顏色猶如傷口淌出來的血，常讓我觸目驚心。前些
> 時候，驅車路經淡水，見到觀音山破碎、憔悴的面貌，竟再也
> 忍不住熱淚盈眶……。
>
> 對我而言，之所以興起這樣的情緒，主要並不是來自對環保的
> 覺悟，或對人的貪婪和殘酷本性的徹底絕望。人對大自然的摧
> 殘及其貪婪的本性，自古即然，我本來就沒有存著任何的幻
> 想。我內心的激動，實在是來自童年以來對山的特殊情感；而
> 眼前見到的山的遭遇，更讓我聯想到原住民的命運。

---

[10] 參見《久久酒一次》。臺北：張老師。頁60-65。

　　山是原住民的家，他們的祖先俯仰其間，幾千年來和它相依為命，原住民的歷史即是山的歷史。攤開臺灣地圖，有 2/3 以上是屬於山的國度，這便是原住民生存的空間。他們在此祭祀、耕種、狩獵、爭戰、繁衍、歌唱……。到了本世紀初葉，山的國度，被納入殖民地政府經濟掠奪體系之一環；過此以往，山的歷史和原住民的歷史，便迅速在臺灣工商業發展的歷程中，被人漠視、遺忘。

　　人對山的情感變了，山的國度不但被鯨吞蠶食，而且顯得更空寂。原住民青年不再為山譜曲歌唱，他們離鄉背井，來到繁華的都市，學習操作推土機，從事「開山整地」的工作；拿起麥克風，在煙霧瀰漫的卡拉 OK 店，唱著英文歌、日文歌、國語歌，還有七十年代以後逐漸流行的閩南語歌謠；山歌是唱不起來了，山又恢復了它的沉默……。[11]

　　由這大段引文看來，老人和作者眼中的山，都不少有舊傷新創，把這種開疆闢地移山造海視作「現代生活」必經的「陣痛過程」，究竟是讓我們在「付出代價」後進化成神靈或幽魂暫且不論，但從孫大川終不免動情的角度觀之，山和他的關係，首要仍不是「環保」的議題，因為原住民的家不是在這山就是那山。由於是我們的家，不論是山下、山腰或山上，愛他、維護他和善待他都唯恐不及，時不時拿自己的家來開腸剖肚，實非「常人」所為，至少大多數原住民與臺灣的山林共生共存了數千年，青山恆常在，綠水也常流，只短短的百年甚至是更短的近五十年，我們的山林不是得了骨質疏鬆症甚或是敗血症。只有到了「病入膏肓」才有「急救」

---

[11] 參見《久久酒一次》。臺北：張老師。頁 60-61。

的必要，平常是「預防重於治療」的保健養生而已，這種「常識性的」認識，對現代人來說可能是太過尋常或不知求進而顯得不合時宜了？

而人若不是把自己與所處的環境視為一體，要說「參天地化育」簡直是無稽，最終只能等到山成了土石流來到自家門口，把「環保」當咒語念念，看能不能感動天地取得他們的諒解了。「山是原住民的家，他們的祖先俯仰其間，幾千年來和它相依為命，原住民的歷史即是山的歷史。」山有脾氣是他的秉性，山有歷史則是他與萬物互動而生的智慧。原住民從平原而逐步入山，或始終都是在山中生活，他們是有權利也有能力為山林的生存，說出他們具體經驗到的山是「失去青春的山」[12]、是憤怒的山，是長滿鈔票的山[13]，或正是不唱山歌心就不爽的山。

整體而言，當代原住民漢語作家在「生活環境」相較之下，可說是較接近或「置身於自然之中」；他們寫山寫海，寫出看來是在不夠「文明進步」的傳統文化中，「人類」原是何等渺小的「萬物之一」；他們也寫「曾經」美麗的「原鄉」到「失去青春的山」或「憂鬱祖父的海」，這許多不關「傷逝悲秋」卻關乎「鬼哭神嚎」的殘山敗水……，凡此種種「常識性」的「自然意象」和「隱喻性」（神秘性）的「自然感悟」，不斷在其書寫中竄進竄出流動如風，作家對「書寫自然」的具體貢獻，應是讓讀者能用身體，不單是知識；是用去記憶，不只是用創造去面對土地，而土地本是自然的安歇之處，人在土地上的躁動，其實正是現代人與自然相處的重大隱憂。

---

[12] 參見莫那能〈失去青春的山〉,《美麗的稻穗》。臺中：晨星。1989 年 8 月初版。
[13] 參見利格拉樂·阿女烏《紅嘴巴的 VuVu》。臺中：晨星。1997 年 4 月初版一刷。

四、在「第一自然」扭曲變形之後開展出的世界

　　或許原住民作家「書寫自然」的方式，未必能符合從嚴認定的「自然寫作」標準，但他們的確是涉入並在書寫「自然」，這樣的「自然」，多半是從「前人經驗」、「當下感受」與「具體生活」中「活」出來「屬於他個人」，或是他族人的「自然」，卻未必是奠基在一種「現代人知性的理解」，或是「現代自然科學」的「知識」上。甚至連作者所欲傳達出的「自然」，也不見得是我們身處「現代」的文明人對自然的一般性看法。這種「立基在生活現場」的感受力，對我們在思考自然，特別是對在「現代生活」中「很自然」生活著的人而言，是深具啟發，或者一切不過是種「蠻荒」和「不知長進」的遺跡？我們確實可以再多斟酌。不妨先讀一讀漢人作家王家祥〈文明荒野〉[14]中所做的描述，看他的作品和原住民作家的書寫，有什麼異同之處：

> 我們幸福地輕易察覺小葉團扇薺幾何排列的莖葉組合以及黃野百合，竹葉草，琉璃繁縷細緻精巧的小花。我們有撿拾不完的野番茄和紅莓消的漿果隱藏茂密的草葉之下。也無人確知長在高樹上奇異透紅的果實，竟然香甜多汁。
>
> 我們在翻找漿果之間，常會見到沫蟬吐的泡沫黏附在枝葉上。這是春季才開始的現象，沫蟬展開牠的繁殖期，將蟲卵藏在類似唾液的泡沫中。而蟻獅在沙地上築開許多陷阱，當螞蟻經過，如同陷入流沙之中。沒入底層，蟻獅就等在那兒捕食。
>
> 我們因此而知，荒野之中生物各有不同的智慧。

---

[14] 參見《臺灣自然寫作選》。臺北：二魚。2003 年 7 月。頁 119-129。

是否得重新思索且肯定生物界中，高等動植物存具思考能力，
感情以及感覺的官能。我們的觀念中常否定其他生物關於靈性
的地位。科學家甚至以機械運作及腺體分泌來尋求解釋生物行
為。然而古老的經驗告訴我，被捕捉的大海龜會潸然落淚。大
樹在砍伐前夕，會變得焦黃枯乾，甚至微微顫抖。

大海中的海豚曾拯救落水的漁民回陸地。

日本人在大肆掠奪阿里山檜木森林之際，有感於事故頻頻發
生，因而豎建樹靈塔，以慰被剝奪生命的大樹，禱祭森林中的
伐木工作平安。如今我不只一次在荒野中感動，頓悟道理。我
在荒野中尋求生命與想像以及心靈明淨。因此古老的傳說或事
實皆使我深信必須敬重萬物之生命，適取所需[15]。

在這段敘述中，我們很快會發現「細節」的描寫，對於書寫自
然，是很基礎的一種訓練，因為它背後意味著精細的觀察，和需要
一定程度的相關知識作後盾。單看作者提到如小葉團扇薺、黃野百
合、竹葉草、沫蟬、蟻獅……等，它們何時開花、何時結果，有那
些特殊的習性，是它們彼此傳達訊息之用。我們若缺乏對這些動、
植物的基本知識，多數人就只能是走馬看花了。作者在這種細緻的
描繪裏，同時還將萬物與人的關係，重再作了定位，即是人自以為
獨具的「靈性」，在萬物身上，其實是同樣具存的，只是由於人的無
所覺察，而一概否定了它們的存在，因此直接或間接的，也影響了
人自身本該澄澈清明的「靈性」。

視萬物為有靈，才能夠真正學習到對自然的敬重與謙卑，王家
祥在文字中流露出這種觀看（察）自然的態度，讓讀者從作品的微

---

[15] 參見《臺灣自然寫作選》。臺北：二魚。2003 年 7 月。頁 120-121。

觀細膩處，讀到自然給予我們深刻又宏大的啟示。在孟東籬〈愛生哲學芻議〉[16]裏，則明白指出「自然就在你內在」[17]：

> ……。我的意見是，自然不僅在你身邊，而且在你身內，不僅在你身邊的事事物物幾乎都是大自然，而且你自己本身就是大自然。你吃的五穀雜糧雞鴨魚肉青菜水果，哪一樣不是「動物」或「植物」？不僅如此，你喝的水哪一口不是雨水或河水或泉水、地下水？你呼吸的空氣呢？那豈不是大自然最充沛最瀰漫的一種東西？實則我們的身體就是由這些東西構成，它們進入我們體內，構成了我們。它們就是我們。我們跟它們的關係，就像草地上的牛與青草一樣，不僅是息息相關，而且簡直就是密不可分的。
>
> 再說我們自己這個生命，從最開始鑄造起，有哪一樣不是「自然」？那細胞的等待不是自然嗎？精細胞的奮力游泳以求生命的結合，不是大自然生命力的催促嗎？結合之後所進行的開天闢地的染色體分裂過程，哪一樣不是創世紀的大手筆？然後我們的四肢五官、五臟六腑，這哪一樣是我們人自己締造的？哪一樣不是自然？
>
> 或許現代人已經太忙碌了，已經很少有人有閒暇感覺到自己就是自然，自己跟自然是那麼密切相關，牢不可分了。很可嘆的是往往到了自己生病時，才驚覺到自己身內那可怕的自然力量，是那樣的強大，那樣的頑強，那樣的不聽人的指揮，那樣明明確確的存在在那裏[18]。

[16] 參見《臺灣自然寫作選》。臺北：二魚。2003 年 7 月。頁 83-94。
[17] 同前註。頁 92。
[18] 《臺灣自然寫作選》。臺北：二魚。2003 年 7 月。頁 92-93。

　　從以上的文字，我們正好看到作者是從人的來歷、構成和特點說明人何以是自然的理由。既然人就是自然，為何又會「遺忘」了「自然的存在」？作者提到只有等到人「生病」了，才會驚覺並「意識」到自然強大的力量，也唯有到了此時，人也才確知「復返自然」的召喚與行動，對現代人究竟所為何來。在字裡行間，我們能明顯的感到人與自然的切割，其實就是人與自己的切割，一旦當人將生命必須仰賴的陽光、空氣、水及食物，視為「身外之物」，人的「身內之事」也就不免各自分崩離析。「牽一髮而動全身」是人與自身、人與自然最無形且緊密的聯繫，不必非等到天災人禍的巨變降臨，人才「願意」有所覺悟。「人就是自然」這種體察自然的方式，是人能回到生命基點的關鍵，身為人而不會自外於自然之外，生命才可能自在圓滿生生不息。

　　「從微小而巨大，由外在到內在」這種對自然整體的書寫，原則上是包山包海無一不能成為寫作的素材，只要寫作者能夠捕捉到自然對他的「呼喚」，在這每一聲的呼喚裏，便有機會出現各自的精采，王家祥的寫法是一種現代自然寫作的「基本版」，孟東籬的書寫是表現出一種對生命的反省，尤其是「人」與自然之間二而一的狀態，是我們如何能在自然中「安身立命」的基石。觀察自然，反省生命的存在狀態，最終是都要落在我們生活的具體情境中，使我們能自然而然的在其間發現生命的機趣，原本就在我們還能不能再經驗到那個萬物有情的世界。凌拂〈茯苓菜〉[19]裏，我們便能看到日常生活中的自然，是怎麼透過草木對我們傳情達意：

[19]　《臺灣自然寫作選》。臺北：二魚。2003 年 7 月。頁 225-226。

書上說，將茯苓菜全株拔除，去根洗淨，或炒食或煮湯，皆十分可口。如此，我便十分歡悅，鼻間帶著預設的香草，漫山去尋找我的茯苓菜了。

……

天地間的奇葩異卉向來是被閑卻著的，它寂寂的生在那裡，眾裏尋它，卻不是要了就來。我溜達來溜達去，忽忽一眼，看到它的時候，眼目一驚，當下即知那情貌它是早就認得我了。

受到這意外的驚動，我是不敢採的，伏下來珍重的與它相對，靜裏相覷，久久乃知茯苓因何又叫魚眼草或一粒珠。茯苓的花序呈總狀排列，綠中帶黃，圓圓的一小顆一小顆，像永遠睜著的眼睛。看久了，我會覺得那總狀花序，一根根像站樁，聚到一塊兒，青黃裡帶白，彷彿莊稼老漢新理的平頭，鬢角生白，翻著鬍渣，麻麻的刮著人手。茯苓粗質的硬，看起來和吃起來觸起來全是三回事。它的清香不在情表。

……

九月的時候，我攜了袋子，邊走邊採，山上的小男孩子小女孩子都圍過來問，你在採什麼啊？你採這做什麼用呢？我將嫩葉拈出青汁，然後把汁液的青生一一糊到他們的鼻尖，使他們感覺自然裏切近人生的生疏，道：「茯苓菜口也，可以吃呢。」一個小女孩用力擦擦鼻子，撇嘴笑道：「哈，你真可憐，這麼大了還不會去買菜吃。」我聽了歡悅異常，輕輕唱：「溱與洧，方渙渙兮。士與女方秉蘭兮。女曰觀乎，士曰既徂。且往觀乎，洧之外，洵訏且樂！維士與女，伊其相謔，贈之以芍藥。」

　　溪水正盛，嘩啦啦的流個不停；野外實在是遼闊又好玩哩，成群結伴的男男女女嘻嘻鬧鬧，到處都是爛漫的春光。

　　活在山野，猶有詩經在餵養我，先民的歌聲，我笑得像個神仙，邊走邊採，緩緩走回自己獨居的小屋。[20]

　　讀了以上的大段引文，我們應該可以更具體的體會到「大塊假我以文章」的各種微妙丰姿。尋找茯苓菜的過程，事實上是與世界上種種美好的人、事、物相遇的情境與狀態：其中既有初逢的驚喜，也有「眾裏尋它千百度」的悵然；有獨遊的趣味，也有眾樂的情趣；可以有非常現代的自然知識，也同時能讓古典的美感，活在當下！書寫自然中的說理與敘事是我們熟悉的寫作要素，但怎麼把萬物與人互動的生機趣味和情感表現出來，除了要具有敏銳的觀察力，相應的知識，更需要有一種與萬物同心共感的心靈，去採擷收割這一切天地的豐美。

　　我們在此單元羅列的作品，未必能夠周全的回覆，原住民文學書寫中的「第一自然」，在經過「現代化」洗禮所造成的「後遺症」，究竟有無再度扭轉的可能性，但是我們能從王家祥等人的作品裏，見到他們對於書寫自然的態度，是知性與感性兼具，並且竭力讓自然成為書寫的主體，而人要能夠意識到自己「本來自然」的一面。這些在寫作上的努力，無非也是對工業文明進步社會的提醒，提醒我們如何能在「進步」中，重新找尋或界定人類的生活，可以有不同的存在方式，自然就是我們生命和生活最好的導師、朋友與親人。

---

[20] 《臺灣自然寫作選》。臺北：二魚。2003 年 7 月。頁 225-226。

五、結語：你好，自然！對不起，打擾一下……

　　我們花了種種氣力在紙上談兵磨刀磨劍，都不如讀者提起筆來親身走進自然的現場，不論那是令人愉悅、憤怒或傷感的狀況，我們都在寫作中從事一種對自我生命的檢視與紀錄，書寫自然，更是將我們放在遼闊的世界中，找到能夠引發我們的好奇心、鍛鍊我們的觀察力，和激發我們找尋生命中的熱情的書寫態度與方式。隨著時序的推移，生命的消長，我們的存在，是對世界的一種增色，或是〈打擾〉[21]：

> 無話可說。等風來，等雲來，等遊憩的
> 時間來。整片海，靜靜的，什麼也沒說
> 柔軟操是天的絕活兒，像路。路一直爬著
> 山，蜿蜒轉圈盤旋……早習慣把無聲的淚水
> 汗水都埋在腳下，他們原也是默默從遙遠
> 的那一岸流到這條幽徑，來不及迎接，來
> 不及道別，開門呀！羊不來、牛不來、豬
> 不來……，椅子已圍成了圈圈坐好，等著
> 等著拍完一張照，好說：「謝謝光臨。」
> 這裡的飛魚全都在休假浮潛，很忙，不想
> 讀書，不想寫字，不想這藍天綠地有什麼
> 遺囑要寫，有什麼夢要飛翔。「你好！」
> 整片窗迎接鳥聲進來入座，聽海的心事
> 其實也沒有非來不可的理由，非說不可的

---

[21] 董恕明 2007 年 6 月。

話，不過是來發發呆，也好。生活是朵
浪花吧，魚槍會射到那一朵？一座島回頭
山遠遠的打著瞌睡。

　　如果我們還不曾好好的與自然打交道，何妨就先從不怕打擾，
跨出我們書寫自然的第一步？

關懷生命，拜訪神州臺東！

劉炯錫

臺東大學的特色生物

臺東大學的特色生物是什麼？說蒼蠅應不為過。

臺東大學的臺東市校區一帶，以前叫馬蘭，是從 falangau 地名簡化而來的，阿美語意就是蒼蠅。十九世紀中葉阿美族人在鯉魚山旁建立部落，傳說這裡很多蒼蠅。2009 年 3 月 25 日，本校在利家溪畔的新校區舉辦行政大樓啟用典禮，教育部長致詞時，蒼蠅特別飛來他臉上，用軟肉質的喇叭型口器為他清理兼按摩，相信每個同學也有這種被蒼蠅服務的經驗。

不管您被蒼蠅服務的感覺好不好，您一定會問，臺東市郊為什麼這麼多蒼蠅？尤其到在夏天，在戶外涼亭坐下來吃個便當，蒼蠅馬上要來分享，有時數量比米粒還多！從小就受乖乖聽從衛生教育的您，想必又是氣憤，又是無奈！只好向學校要求宿舍、教室，甚至走廊都要加紗窗。這真是臺東的奇蹟啊！機場為了趕蒼蠅，創造全國唯一的噴水霧景觀，還為蒼蠅多加一個門，增加一個滯留蒼蠅的空間，就是不讓蒼蠅飛進機場的候機大廳裡。小吃店用透明塑膠

袋裝水,掛在門前,說這樣多少可防止蒼蠅進來。高級一點的賣店,
在門口用強風吹,顧客進門時,好讓蒼蠅飛不進來。

　　蒼蠅很多,愛吃蒼蠅的燕子也很多,人文學院五樓的音樂系,
聽說燕子特別愛來停棲過夜,並且在走廊、牆壁留下「滿坑滿谷」
的糞便做紀念。氣得有同學反應說要用殺蟲劑來對付他們,但是林
清財主任就是不肯,還勸說要善待他們,頂多請他們到別的地方去。
蔡典謨校長也不想造孽,請許振宏總務長想想辦法,老鷹貼紙嚇阻
法、黑網圍堵法、鞭炮驅趕法都用過了,還是要掃糞便。我不是在
這裡說風涼話,當生物造成人類的生活問題時,通常不是件容易處
理的事。這件事看來,我們音樂系的師生和校方當局都有善良的心
靈,表現出有修養的態度,相信臺東大學會有福報。如果給我們生
命科學系一點研究時間,如果您等不及的話,歡迎加入研究團隊,
加速瞭解他們喜悅的生命如何過活,菜單有哪些,喜歡什麼?害怕
什麼?生命如何延續和畢業?

臺東是神州聖地

　　臺東大學校本部新遷入的校區,屬於 kasabangan(射馬干)部
落的傳統領域。現任 aiyawan(頭目)哈古(陳文生)先生根據族譜
推算自己是第 69 代,他在 3 月 25 日特為本校新校區行政大樓祈福
前向我說,這裡叫 linabule,以前是河床地,每年秋天洪水過後,他
們部落或是 likapon(利嘉)部落會來這裡找地方開墾、疊石頭耕種。
他小時候也常來這裡放牛,每年洪水會帶來大量的漂流木,部落怎
麼也用不完,讓木材腐朽而長出很多的菇類、木耳等,春天就是採

菇的季節。哈古先生為本校祈福之後的第二天晚上，我陪蔡校長到他家致謝。哈古先生說約二十年前，他去參觀美術展，突然興起雕刻創作的念頭，漂流木成了他的材料，而源源不絕的生活經驗和神話傳說是他的題材。1996 年文建會推動社區總體營造時，臺東縣政府文化中心推動射馬干部落為漂流木木雕村，入口的 logo 就是「美女與鹿」，是哈古先生最愛說的神話。臺東沖積扇原是梅花鹿曠野之地，有一天部落的少女愛上一隻俊秀的公鹿，經常約會，他父親很生氣而射殺公鹿，少女卻因此為鹿殉情。

　　站在臺東大學樓頂，往西看，常被雲霧遮漫的肯杜爾山有時近在眼前，那裡是 taromak 部落的洪水創生聖山，雨神住在附近，發生乾旱時，男人們要到那裡激怒雨神，讓雨神追趕，這是善跑者爭取光榮的機會，從山頂經過山腰，一路往山腳跑，雨神追到哪，雨就下到哪，跑得越快越遠，灌溉的範圍就越大。往西北看到的最高峰 minazal（美奈田主山），布農人告誡孩子遇到下雪時不要趕路，有 5 位兄弟在那裡遇到大雪，4 位不聽從告誡而凍死路上，只有 1 位最小的弟弟在大樹下生火保命。往北看，都蘭山是史前人類的靈魂歸宿，而 puyuma 部落（臺東市南王里）在其山嶺設有祭臺。目光轉往東北，臺東市區裡的鯉魚山是 falangau（馬蘭）部落於十九世紀末落腳繁盛處。

　　轉個身子往南看，panapanayang（太麻里鄉三和村）是 katipul（知本）部落洪水創生神話的發祥地，五個倖存的兄弟姊妹，兩個被推上天空當太陽和月亮，三個繁衍後代，生出黑石頭、黃石頭、白石頭，成為全人類的祖先。視線延伸至遙遠的大海，蘭嶼的 Ji-Peygangen（紅頭山）是 Iratay（漁人）and Iranumlek（東清）部落的聖山，在古老的洪水傳說中，僅存的 2 個男女祖先在山頂上靠

吃頭蝨維生。本校西南的最高峰叫 kavulungan（北大武山），是至高無上的小米神，不能直呼其名，只能稱呼別名 tjakalausu，他每年春天與旱稻神 salekuman，一起灑播小米與旱稻，但六月收成時，salekuman 不喜歡小米而回到 tjavalj（太麻里）的海上，待人們於七月辦完小米收穫祭後，tjakalausu 才再去追求她，搞得天昏地暗、雷電交加。但到了八九月間旱稻收成時，換 tjakalausu 受不了會令人過敏的稻穀粉，皮膚很癢，於是又回到山頂。所以，salekuman 高興地唱著：「我多麼幸運啊！每年離婚又結婚，可不斷地收到高貴的聘禮與離婚賠償。」

　　本校師生多麼幸運啊，我們被南島語族原住民部落的神州聖地所懷抱與庇佑！這些經過千古醞釀的原住民部落社會在未被國家政府解散前，早已具備西方社會的自由民主人權，而其人性關懷、生命倫理、靈魂藝術的文化更是普世追求的典範。我們謹以此文紀念臺東大學校本部於遷入新校區，同時呼籲各界一起來欣賞原住民文化、尊重傳統領域、搶救在地文化、重建千古部落，使部落社會成為人類邁向人權、人性、關懷生命的燈塔。

謝謝蒼蠅和蚊子

　　太麻里溪流域中上游的部落有 tjaucikel，是祖先代代相傳的歷史。講的人不能增減或更改內容，聽的人也不可戲謔不恭。其中有一則 tjaucikel，是指大洪水滅世後，倖存的祖先登上聖山，卻因缺火而苦惱。最後感謝蒼蠅飛來面前，四後肢站穩後，兩前肢開始做摩擦狀，祖先因此學會鑽木取火，而延續了人類的文化。蒼蠅又可

分為好幾種，其中一種比較大型而亮麗者，是祖靈的使者，要是飛到您面前，代表有野獸在您的陷阱了。

智庫文化出版的「曠野的聲音」一書，作者 Marlo Morgan 說她在澳洲沙漠走了好幾天，沒得洗澡，夜晚來臨時，野狗一直跟著他，陪她走的原住民們說她身體已發出極誘狗的腐屍味道。她身心難過至極，有一天突然飛來幾萬隻蒼蠅，往人們身上一鋪，原住民們張開雙臂、打開雙腿，並要她也放輕鬆。這時她才發覺這麼舒服，蒼蠅用牠的喇叭型肉墊輕輕地吸敷著她每一吋肌膚，鑽進鼻子、耳朵、陰部、肛門、清眼屎⋯⋯等，比她在紐約的沙龍護膚還舒服。之後，她開始神清氣爽，野狗再也不緊跟著她了。

二○○一年七月，我與東華大學民族所紀駿傑教授、現任大仁科技大學原住民中心主任的臺邦・撒沙勒教授一起拜訪加拿大北邊的 Yukon 領域，那時會叮人的蚊子滿天飛，當地人隨時用雙手搧動臉龐，有些外地人則受不了，出門乾脆戴頭罩。人類比蚊子大又壯，而且自認比較聰明，Yukon 人是如何對付這些擾人的蚊子呢？二十世紀以前，他們逐麋鹿和鮭魚而居，砍除大片沒有水塘的矮森林後，蚊子會變少而比較適合居住，同時長出的青草正好可以吸引麋鹿來吃，再加以獵殺。但是蚊子還是很多，怎麼辦？當地人認為蚊子本來就在這裡，沒蚊子才奇怪。

西方人在二十世紀初抵達 Yukon 後，受不了蚊子，1920 年代起曾灑油在湖塘上，蚊子的幼蟲不能呼吸而數量大減，但副作用大到不得不放棄，蚊子不見了，那蜻蜓的幼蟲和鮭魚吃什麼？留下的油漬還污染地下水。1940 年代，DDT 開始派上用場，殺傷力驚人，還會循食物鏈累積，搞到連「國鳥」都快要絕種，不只因為食物變少，牠們的蛋也變薄到孵不出雛鳥。1970 年代 DDT 成為禁藥後，「偉

大」的「死科學家」們改用殘毒期較短的新藥，用了幾年，蚊子沒殺完，其他昆蟲卻殺得很徹底。1980 年代起「生物防治」成為滅蚊主力，細菌戰登場，蚊子幼蟲先被寄生死，但成蟲與蛹不死，等細菌少了後，蚊子又很快繁殖。沒過幾年，有害生物綜合經營（integrated pest management）漸成為主流，只殺目標敵人，不傷及無辜；用天敵防治，不噴灑化學藥物；採物理方法，例如把水池放乾等。一陣瞎摸瞎搞後，這些「科學大師」們科技用盡，錢也花了不少，但作了比沒做還糟。我三年前夏天去到 Yukon，當地居民還是覺得祖先的老套比較管用。人要安份地作生態體系的一份子，不要想當上帝！

就自然史來講，蚊蠅歸屬於昆蟲綱的雙翅目，比恐龍更早出現在地球上。就生態體系來講，他們轉化很多有機物，再成為其他種動物的食物，牠們的角色遠比人類重要。如果蚊子滅絕了，靠吃蚊子幼蟲（孑子）的水蟲、小魚、小蝦也只好跟著絕種；那些在天空捕食蚊子的蜻蜓、燕子、蝙蝠，在樹上找蚊子的青蛙、壁虎等等，也連帶遭殃。原來，蚊子是地球生態體系的基石（key-stone）物種，一地蚊子的滅絕將造成區域生態一連串的災難，甚至影響全球生態變遷；阿拉斯加地帶的夏天是蚊子的季節，如果蚊子滅絕了，亞太地區的候鳥飛越數千公里趕集到那裡，豈不當場餓死，更別說要孵一窩蛋，帶領幼鳥長成並儲存足夠的脂肪，再成千上萬棲息或過境臺灣了！

就人類文化來講，蒼蠅在我們閩南語是 ho shin，可是 shin（神）級的動物！拜拜時，要是看到蒼蠅滿佈神桌上的大魚、大肉時，長輩會說，神來了，不要趕！什麼時候，我們和蚊子與蒼蠅成為有你就沒我的生死仇敵呢？

一百年前，英國殖民印度的羅斯（Ronald Ross）醫官，百折不撓，用顯微鏡在人體血液與蚊子胃內發現瘧原蟲後，之後，我們便以此證據作為「光明正大」的理由來全面消滅牠們。短短才幾年，大張旗鼓地消滅「有害」生物成為各國政府展現大有為，凝聚全民向心的主要管道，滅蚊、滅蠅、滅蟑、滅鼠、滅鳥，轟轟烈烈。真的要搞到這樣嗎？如果小學老師看到教室有一隻蟑螂，毫不猶豫地迅速脫鞋，兇狠地把蟑螂打死，那麼小朋友用類似的動作打他討厭的同學時，也請不要見怪！三百多年前，推動天賦人權的洛克雖沒說天賦動物權，但也認為殘暴的行為會影響人類的心智。

二十世紀當人類一一以科學精神打破長輩們長久以來的「迷信」後，很多人也開始迷信科技萬能。加上「順我者生，逆我者亡」集約農業文化運作下，人類從自私自利的觀點來防治人類傳染病、農業病蟲害，後遺症已不勝枚舉。請不要教壞我們的孩子，我們期待在衛生、環保、農業單位服務的朋友們能站在尊重生命、生態保育的立場，一起想想，找出更好的解決問題的方式。相信不只有噴藥滅蚊是唯一解決登革熱的方式，篩檢人、隔離人也可以嘗試，例如在氣候宜人、風景秀麗、又沒有登革熱病媒蚊的中高海拔建立完善的休閒醫院，把患者送到那裡「隔離」治療……等。如果您願意以善良的心靈來思維，相信會有不同的解決辦法。

神話野生動物

科學人要講究事實與邏輯推理，無法以邏輯推理的，我們常以神話視之。在科學掛帥的時代裡，神話逐漸變成一種笑話而被歧視。

神話的文學、藝術、社會意義、心靈意涵就被貶抑了。我們無法靠邏輯推理的神話，可能神話本身就是不精準、誇大或不符事實，也可能是我們能力有限而無法想像，更多時候可能是思考觀點的不同，看到的部分不一樣。當達魯瑪克部落的大祭司祭告神靈與列祖列宗時，從人類起源說起，洪水滅世後倖存二個男女與很多野生動物逃至山頂，洪水退卻後，人類從山頂用竹筒裝蚯蚓下山，改良土壤而生育農作物；人類與天上掉下來的人結婚，後來又有人與百步蛇結婚……。說到這裡，如果您相信舊約聖經裡人可以活到好幾百歲的話，也請以同理心相信部落神話；如果，您眼見為憑，什麼都不相信的話，也表現一點現代人的「風度」，欣賞畫面也好，各取所需也好，不必要和人家爭得眼紅脖子粗。

人與野生動物的關係存在神話裡，也活在人間。達魯瑪克魯凱族家家戶戶使用的「比濃味精」（大葉楠的成熟果實經曬乾磨粉後做調味料），據稱是向猴子等野生動物學習得來的；聽到大彎嘴畫眉叫「talikau-ki」，心情會好，一切順利；聽到山紅頭叫聲，代表愛人在想你，如果剛好抓到彩虹光澤的吉丁蟲，可當禮物送她當頭飾。如何讚美小姐多漂亮？可說眉毛像月亮，嘴唇美得像紅嘴黑鵯的紅嘴喙。誰是英雄？就是那個衣服或家屋有蝴蝶圖案的男人，因為他是跑步冠軍。

講得很好聽，如果原住民與野生動物關係那麼和諧，為什麼還獵殺、捕食他們？生命難免一死，相信被吃的野豬在生前活得比市場豬肉攤的那隻死家豬更有自己生命的價值，這隻野豬可能在山林間活了好幾年，有過食色快樂；而市場的那隻死豬生前被關在狹窄的牢籠裡，出生到被窄殺間只有半年左右，生前從來沒去過遊樂園玩過。更重要的是，原住民獵人如果來得及，會臨終關懷這隻已經

被獵殺重傷而即將死去的野豬，如果來不及，會引渡在屍體旁徘徊的野豬靈魂，在祖靈柱旁或屋簷下安置牠的頭骨，供奉牠的靈魂。

土地公比人會種樹

臺東縣 2002 年的國民小學科學展覽，長濱鄉國小以「土地公比人會種樹？」為題，榮獲第一名。長濱鄉山區在民國四、五十年代，普遍砍除天然林，改種香茅，後來人造香料興起，香茅無價後，有些改種相思樹林，有些則放任自然演替。這所小學的老師帶著小朋友分別調查人種的相思林與「土地公種的」自然演替林，結果前十大的大樹都是人造的相思樹，但土地公林的層次較多，有樹冠層的大喬木，也有樹冠層下的小喬木和灌木、地被植物，不像人造林那麼單調；土地公林有數百種動植物一起生活，人造林則顯得很孤寂。

胡適名言「要怎麼收穫，先那麼栽」反映著農業文明的思想與行為。相信習慣農業文明思考的人會認為人類比土地公會種樹，因為農業就是要生產特定農產品，木材就是產品。但採集、狩獵民族則不這麼認為，「只要太陽照著、水流著，土地將賜生命給野生動植物與人」，「崩塌地是大地的防火線」，尊重、順應自然就可以過好生活。農業文明的人不但有目標地生產，連生活都很有計畫，一天天、一年年、一代代的計畫，要讓明天會更好；但由於人口成長太快，每個人的慾望也大增，資源乃不敷使用，自然生態被破壞殆盡；工業文明後又有太多的發明和太快的開發，來不及管理，衍生嚴重的環境災害與社會問題。所以，文明人開始呼籲自然保育，但文化已遠離自然，仍然用農業文明的邏輯來推動自然保育。例如，一些環

保官員、學者就以為造林有利自然保育，卻不知臺灣土地公種樹的速度比人還快、樹種更多，有利野生動物的共存；根系更龐雜而較有利水土保持。報載監察院調查屏東縣保力、大漢林道伐林種樹，領取造林獎勵金案。自從農委會推動全民造林計畫後，人民為了領取造林獎金而伐掉原來的山坡樹林，再種植政府撥發的苗木，已在全國各地全面的上演。

我們如果說動物放生猶如放死，那麼造林種樹與造孽何異？把甲地的野生動物抓來，放到乙地放生，這過程已不知造成多少死亡，放生後與當地野生動物的生存競爭，又造成另一波災難。打著自然保育、水土保育之名的造林種樹，無視臺灣四面環海，水氣充足，植物自然演替的旺盛。把土地公種的植物當成雜木雜草來清除，再花錢種樹、噴藥、除草除蔓，抑制本土生態的復原。農業文明的荒謬，莫過於此！

欒樹亂開花

農業文明把大自然視為「毒蛇猛獸、蠱毒瘴癘」，要「篳路藍縷，以啟山林」，這其實是不尊重自然、破壞生態、迫害生命的事。問題是千年的農業文明下來，有多少人親近與認識自然生態體系，願意以行動維護自然呢？不過，很多人還是有親近生命的本能或喜好；結果卻是喜歡種植花草盆景，如果能「十年樹木，百年樹人」則更樂在其中。於是植樹大戲年年上演，很多人跟著瞎種樹。

臺灣欒樹是近年來最紅的樹種之一，原本就廣泛分佈於全臺低海拔山區，通常在夏秋之際，滿樹黃花，蜂蝶圍繞；深秋則結

成鮮豔粉紅的果實，特別醒目，這時，katipul（知本）部落婦女常向即將長成的女兒指稱，要是下體流出那種顏色的東西時，就該男女有別了。達魯瑪克部落另有意義，欒樹剛長出花芽時，颱風就可能會來，待它開滿黃花，颱風最盛，當滿樹紅果時，要是還有颱風（晚颱），災害可就嚴重了！不過，從 taromak 翻過中央山脈到 guchabungan（好茶）部落，欒樹的樹冠要是紅了，則表示颱風已過，可高枕無憂。

臺灣多變的自然環境造就出多樣的生態體系和物種，以及地方特有的品系，並孕育出多元文化。從臺東市往南迴走，東北季風漸乾，欒樹開花的季節後延；rulakes（壢坵）居民說，欒樹開花，該種地瓜；再往南走，patchaval（大鳥）部落則稱，欒樹轉紅，捉毛蟹的季節到了。臺灣各地物種經過長期演化而發展出區域特性，原住民在該地生活千百年，文化與當地物種品系已發生緊密關係。難怪，內本鹿的耆老看到栽植路旁的欒樹開花時說，亂來！

但各界常常在一知半解下，就以生態保育名義亂種植沒有「身份證」的樹，不管它種源何來。由於欒樹被歸類為「鄉土種」，花期長又耀眼，所以被到處育苗和栽植，西北部的種源引到東南部，東北部的種源引到西南部，種源大亂，明明違反生物多樣性基因層次的保育，卻打著保育名號，消耗預算，搞到欒樹不合歲時地開花結果！

正視血統與審美觀的衝突

臺東大學很多原住民學生，通稱自己為暗暗族，排灣、魯凱、卑南、雅美、布農、鄒族的膚色通常較暗，這些學生在就讀臺東大

學前的中小學求學歷程，由於膚色和輪廓的原因，在面對主流文化的審美觀、價值觀時，常是被同學或老師揶揄的對象，少數甚至適應不良而輟學。

大家都知道歐洲人種、非洲人種與東亞人種的長相很不同，審美觀相信也很不一樣。有些住在熱帶疏林或草原的非洲人種，除了皮膚黑而耐曬外，短的卷髮猶如一頂帽子，細長的頭型與身體被太陽從頭頂直曬的面積遠小於雨林生活的人種，這些都是求生之道。但很多臺灣人卻有膚色與體型的困擾。「一白遮九醜」的觀念讓很多女同學不想走到戶外。更嚴重地，連一些應該很黑，黑得發亮，亮得漂亮的小姐們，在主流社會的「污染」或「教化」下，臺東市逛四維路週日夜市時，還把臉塗得白白的，可惜脖子、肩膀及手臂塗漏了，暗夜裡有點恐怖！

想想東北季風從臺灣北部往南，一路下來，水氣越來越稀少，一月份時，從臺北市坐火車經花蓮、臺東到高雄，宜蘭山坡的樹木仍然水綠，到花東縱谷就有點蒼綠，而到太麻里則地貌蒼灰，而在大武到枋寮間，山坡簡直像被燒過一樣，很枯乾。想想，如果一年到頭都很陽光的地方，排灣族祖先要是在太陽下工作，膚色太白不被曬傷、曬病才怪，如何繁衍後代呢？而在宜蘭多霧的山區，泰雅族祖先們也沒必要花這麼多能量製造黑色素以抵擋紫外線，膚色自然就較為透明。蘭嶼雅美人的「鍋蓋頭」美嗎？雅美人自有其一套審美觀，至少頭頂濃密的髮絲可以遮陽，理光後下部的頭髮，頗有通風、不黏汗之效。

所謂臺灣「漢人」與臺灣南島語族原住民的關係可從歷史、民族、民俗、考古、博物學家的報告中得到印證，醫學報告用粒腺體DNA的分析結果指出，將近百分之九十的臺灣人或多或少具有南島

語族的血統。換句話說，大部份的臺灣人也是臺灣原住民的後代。同樣也會有血統與主流文化衝突的問題。本人就有「黑肉底」的膚色，小時候即經常要面對親友們「烏鬼」的挖苦或責罵，甚至求婚過程也曾被岳母嫌黑，男子有這樣的遭遇，更何況是一般女子呢？事實上，膚色、血統並沒有錯，而是我們的審美觀太過標準化、僵化，使一些不符合這些標準的人受害終生。希望臺東大學的孩子們，不再被黑、白、高、矮、胖、瘦的審美標準所苦，相反地，黑要黑得漂亮，白要白得自信！

拜訪神州修習生命

認為人類從採集狩獵進化到農業、工業商業的歷史觀通常認為部落社會居民是落後而需要被教化與殖民統治的一群人。這種史觀主宰一大群城邦生活（civilization）的所謂文明人，並建立封建的階級統治社會，這些文明人並以此史觀夾雜侵佔慾望去征服、同化或殺滅其他部落人口。這種史觀隨著人類武器競賽而越來越恐怖，二十世紀初，看穿人性退化的史懷哲博士（Dr. Albert Schweitzer）在 1915 年建立尊重生命的倫理觀，他在 1952 接受諾貝爾和平獎時呼籲全人類「重視生命的倫理，反對將所有的生物分為有價值、無價值的；高等的與低等的」。

但一、二次世界大戰後的重建，也引起環境問題，瑞秋‧卡森（Rachel Louise Carson）是一個海洋生物學家，她急筆創作自然文學，寂靜的春天（Silent Spring）這本書揭發人類為了賺錢而創新的科技如殺蟲劑等，對生態體系造成嚴重的傷害。奈斯（Arne Naess）

在這之後不久,創立深層生態學,認為以人類中心的膚淺方法解決
污染和資源問題,是無濟於事的。環境危機的解除需要改變現代人
的哲學觀點、意識形態和文化等,並培養生態良心。他信仰生態之
愛(ecosohpy),認為動植物都有權生存和生長。珍古德女士(Jane
Goodall)是當代動物權、生態保育的代表性人物,她融入非洲岡貝
地區黑猩猩的家族,瞭解他們的社會與情感世界,她自 1970 年代為
黑猩猩爭取動物權,到現代七十多歲了,仍每年奔波世界各地推動
根與芽小姐,她在 2008 年 11 月 24 日訪問臺東大學「以年輕人的力
量—根與芽」勉勵年輕人改善世界。她也很清楚,原住民與自然生
態共存的部落文化是人類的明燈,她曾三度拜訪達魯瑪克部落的深
山舊部落,見證並祝福該部落回歸山林,重建石板家屋、文化從根
發芽的重要歷程。

達爾文(Charles Robert Darwin)在 1838 年建構自然選擇理論,
並在 1959 年與華萊士(Alfred Russel Wallace)共同發表物種起源
論。很多人誤以為達爾文是個強調競爭淘汰或優勝劣敗者,甚至以
達爾文理論來支持種族優越論,作為種族歧視與種族屠殺的藉口。
事實上,達爾文是個細膩的生物觀察家,認為人類的倫理範圍應該
越來越廣大,意即不只對人類有倫理,對萬物也應該有愛。

我在這裡要說,生命本身就是喜樂與恩典,從有生物以來就
是這個樣子,您的每個細胞也是如此。人類在大自然一份子的角
色中若沒有「退化」,就能感受蟲鳴鳥叫、動物精神狀態,以及枝
葉迎向朝陽的快活感,就會珍愛自己的生命,也會喚起對自然與
生命之愛的本能。如果您從人文學院走到宿舍之間,白天聽不到
環頸雉的呼喚,晚上不知有夜鶯的輕聲「錐錐」;如果您在臺東市
校區的春天,走出教學大樓沒聞到苦楝樹的淡淡清香,晚上經過

圖書館時，對蟾蜍急促的催情吶喊還很麻木，您可能是嚴重退化的人類。

　　拜訪原住民部落，要先祭拜，淨化心靈，才能訪問。一個把土地當神州聖地的部落，仍保有尊重自然與生命的倫理，當您在蘭嶼騎著機車遇到母豬帶小豬在漫走時，可別叭她，應該向她問候，因為她是「家」庭不可或缺的成員，不是都市的食用「畜生」。您要學習原住民如何和狗相處，在布農族的社會裡，沒有尾巴下垂的自卑狗。如果您還對蟾蜍百般地歧視，傾聽布農族的神話吧！太古時候，蟾蜍是洪水滅世時期的動物之一，不善游泳的他，為大家長泳取火，即使沒有成功且累倒了，大家還是尊稱他 damafudas，意思是爸爸的阿公，很偉大。

東大同學變漂亮了

　　布農族稱動物和人類的青年都是 binawale，是變漂亮的意思。原住民把每個生命都當成恩典，生命不是人類所能創造，生命是神所賜予的。家庭在嬰兒誕生時，通常都很謙卑，不宜張揚炫耀。達魯瑪克部落以嬰兒是否有長牙齒作為他是否成為真正的家人，到約七歲時，才有穿衣祭，是對生命的禮讚。進入青春期後，男孩進入男子會所成長，約二十歲時時，在一年一度的小米收穫祭通過考驗，在眾目睽睽下完成成年禮，成為大家為他驕傲的男人，頭帶花環、胸披肩帶。女孩則在進入青春期後，通過紋手禮而成為成為原生家庭裡永遠尊貴的生命。

　　生命是要被珍惜並禮讚的,臺東大學、好山好水以及多元的部落文化是給您最好的禮物。在這裡,我把自己感受臺東所建立的尊重自然、關懷生命之觀念,對小學自然科生物單元提出教學意見,希望對師範學院的同學有幫助,更期待理工學院的同學在學習科技時,不被科技制約,與人文學院同學一起回歸生命的本質。最後謹以「關懷生命,心靈成長,綠色科學,永續發展」共勉之。

附件一　以尊重自然、關懷生命觀念對小學自然科生物單元的教學意見

年級	冊別	單元目標	教學建議
一上	1	1-1 美麗的校園 1.察覺物體的形狀、顏色、大小的不同。 2.辨識和描述物體的外形特徵。 3.能依某一物體的外形特徵找出該物體。	1.合併兩單元上課。 2.用和善的態度，讓小孩親近老師，也親近校園。 3.以大樹做材料，讓小朋友各選擇一棵大樹，摸樹幹、看樹形、揉聞樹葉等。
		1-2 葉子 1.擴展觀察力。不僅單用視覺，進而增加到運用觸覺、嗅覺等其他感官。 2.利用物體在感官方面的特徵描述該物體。 3.能依葉子外形特徵比較其異同並加以分類。	4.請每位小朋友撿落葉，寫上名字，作成名片，然後交換名片介紹自己與樹木。 5.隔週後，玩名片對對樂遊戲，每個小朋友撿一片自己大樹的落葉，撕成兩半，一半保留，一半混入名片堆，然後隨機抽出，看誰最先找到另一半，有獎品。分享找另一半的心得，加強印象。
一下	2	2-1 豆子發芽 1.依外形特徵辨識不同的豆子。 2.觀察豆子泡水、發芽等萌芽過程的成長變化。 3.學習觀察記錄豆子的生長情形。	1.融入生命倫理觀念。 2.幫小生命坐「滿月祭」（長出兩片葉子）、「穿衣祭」（長出很多葉子，分支條時）、「青春祭」（含苞待放時）、「婚禮」（昆蟲傳粉時）、「收穫祭」（成熟採收時）、「圓寂」（採收完畢，種子傳承）。
		2-2 水裡的動物 1.覺察動物各具有可辨識的特性。 2.辨別生物形態的異同，作為初級分類的依據。 3.運用五官，深入觀察變動的現象。	1.看完動物，要放回原處。看時，不要傷害牠。 2.尋找校園小水池、水溝、積水處，用放大鏡觀察小動物。 3.請同學們自己說出觀察結果，老

			師再作歸納。
二上	3	3-1 種番茄 1. 藉種植的過程，觀察並體會植物生存所需要的各要素。 2. 學習以繪圖或列表方式記錄變化的現象，並由此資料覺察因果變化的關係。	1. 打破「要怎麼收穫，先那麼栽」的農業文明觀念。 2. 利用任何一種校園常見野生草本植物，比較其在不同環境狀態的成長情形。 3. 讓兒童學習用圖表作分析。
		3-2 校園的小動物 1. 觀察發現周遭存有許多不同的小動物。 2. 不同的生物各有特殊的棲息地。 3. 動物都有可辨識的特徵。	1. 養成生命倫理的態度。 2. 用棲息地概念，請同學們分組調查。 3. 請各組同學報告調查結果。 4. 老師依動物分類與生態概念統整，讓同學建構系統能力。
二下	4	4-1 種花 1. 從種植和觀察中，覺察植物的生長過程需要水分、陽光、泥土等條件。 2. 種植一至二種植物，體驗簡易的栽培方法。 3. 會運用繪圖或列表方式，記錄植物生長的變化情形，並由這些資料覺察因果變化的關係。 4. 覺察不同環境下，植物的成長情形也不同。	1. 打破「要怎麼收穫，先那麼栽」的農業文明觀念。 2. 分組，每組利用一種校園常見草本植物，比較其在不同環境狀態的成長情形。 3. 融入指標觀念，例如有無開花或結果、植物高度、覆蓋面積等做為植物成長指標。 4. 讓兒童學習用圖表作分析。
		4-2 飼養小動物 1. 體會飼養動物時，需要給予水、食物等，並保持環境溫暖、空氣流通。 2. 學習繪圖或列表記錄，並由此資料覺察因果變化的關係。	1. 不要飼養小動物。 2. 請同學尋找正在做窩的親鳥。 3. 請同學們以尊重自然的態度，不要干擾，觀察小鳥養育後代的過程。 4. 請同學練習作紀錄與整理資料。
			5. 祝福小鳥離巢，替小鳥謝謝親鳥

			的辛勞。
三上	5	5-6 植物的身體 1.覺察植物的根、莖、葉各有不同的生長情形。 2.覺知花具有可辨認的特徵（顏色、形狀、大小、氣味）。 3.觀察果實、種子的生長形態 4.覺知植物的身體形態可分為根、莖、葉、花、果實、種子等六大部分。	1.從種子開始介紹植物生命史，子→莖→葉→花→子。 2.從比較不同植物，探討各種植物型態異同。 3.型態異同有無功能差異？善用比較法，有客體，主體才易清楚。型態、功能及環境關係的歸納討論。
		5-7 動物的身體 1.動物的身體可依外形及功能區分為幾個重要的部份。 2.覺察動物的外形構造與它的生活型態是互相配合的。	類似植物身體。
三下	6	6-3 蠶 1.經由實際養蠶的活動，仔細觀察蠶的生長變化，並加以記錄。 2.觀察蠶的外形、運動方式和吃桑葉的情形。 3.會根據觀察及記錄，描述蠶的一生變化（幼蠶、蛹、蛾、卵）。	1.不要養蠶。 2.尋找校園毛毛蟲。 3.觀察毛毛蟲的生活。 4.圍網，讓毛毛蟲在一定的範圍內成長。 4.繼續觀察牠化蛹。 5.等待牠成蝶或成蛾。 6.打開圍網，祝福牠。
		6-5 怎樣運動 1.察覺自己手腳曲伸時，肌肉形狀改變的情形。 2.覺察身體各部份的活動，是由各不同部份的肌肉與骨骼協同作用的結果。 3.根據觀察結果推測肌肉和骨骼的組合情形。	1.善用自然科學教材，人體肌肉、骨頭模型，不要怕學生弄壞而不讓學生玩組合人體。 2.增進同學間的「肌膚」接觸，感受肌肉與骨骼的動作。 3.一人作平衡動作，另一人描述其身體各部位的運動。互換之。

		4.體會運動時，身體各部份要協調，才能作好。	
四上	7	7-2 水中生物 1.觀察水中與陸地上不同的環境孕育不同的生物。 2.察覺水中生物有特殊的構造以適應水中的生活。 3.察覺水中生物的生存會受陽光、溫度、水和空氣的影響。	1.利用顯微鏡與放大鏡觀察。 2.老師要認識常見的水生動物，並學習其外觀構造與生活環境的關係。 3.讓同學們繪出觀察到的動物，提供他靜心觀察小動物的機會。
		7-3 植物的吸收與蒸散 1.觀察植物由根部吸收的水分，由莖運送到葉，並在葉面蒸散。 2 覺察植物的構造與其功能是互相配合的。	1.人體什麼時候會覺得很乾燥，脫水會怎樣？植物呢？ 2.和同學一起思考如何證明植物會吸收水分與蒸散。 3.一組同學提研究計畫，另組提反方意見，互換之，直到計畫被認為可行止，然後作實驗。 4.養成忠於實驗的習慣，別抄襲。
四下	8	8-5 光合作用 1.由控制變因的實驗，證明綠色植物在陽光下用去二氧化碳 2.收集植物照光後產生的氣體，證明產生氧氣。 3.做照光實驗證明綠色植物需要藉陽光製造澱粉。 4.表現細心、客觀的態度來探究植物在陽光下的各種變化。	1.養成細心、耐心的實驗精神。 2.養成誠實的實驗精神，可說國王找接班人的故事。養成實事求是的態度。 3.要有失敗再來的勇氣。 4.老師要讓失敗的同學一做再做，培養他們不怕困難的決心。
		8-6 生物的生活環境 1.了解水、陽光、空氣、食物會影響生物的習性。 2.了解光、溫度、水會影響植物的生長和分布。	1.春天第一場大雨後，從用呼吸生理學解釋蚯蚓爬出土壤與脫水死亡，常被視為異象而引起心理恐慌，並引申到蜜蜂、螞蟻大舉遷移等其他生物。

		3. 探討蚯蚓對其生長環境變化的反應，了解生物適應環境的方式。	
五上	9	9-3 生物的繁殖 1. 由植物的栽植、資料的收集，了解植物的各種繁殖現象。 2. 認識卵生、胎生等繁殖的現象。 3. 了解繁殖的意義，生命的延續。 4. 培養細心、耐心觀察的習慣。	1. 歸類校園植物，哪些是人種的，哪些是自然的。其各自的繁殖方法為何，包括傳粉與種子傳播等。 2. 收集植物種子，做種子大小、顏色、質地等的比較。
		9-1 太陽的觀測 9-2 看星星 9-4 觀察微小粒子 9-5 速度 9-6 聲音 9-7 電路	
五下	10	10-5 顯微鏡下的世界 1. 兒童熟練操作顯微鏡，以觀察小生物。 2. 觀察細胞的外形與構造。 3. 發覺小水滴或水池裡，另有一個微小的生物世界。 4. 利用透鏡的折射，可使物體的像放大。	1. 讓小朋友透過顯微鏡觀察生物，打開視野。 2. 觀察動物與植物細胞各一種以上，以及微生物、小動物，繪圖，請同學估計生物的大小。
六上	11	11-1 族群和群落 1. 覺察同種類的生物會成群的生活在合適的環境中，形成族群，有很多因素會影響族群大小。 2. 覺察族群裡的生物會有互相影響的現象。 3. 覺知生活在同一環境的不同生物會相互依存或競爭，形成群落。	1. 找一片學校的空地，給予不同的土壤、砂礫、卵石環境，施予澆水與不澆水處理。 2. 每週觀察紀錄植物種類、各種植物覆蓋度、總覆蓋度的變化。 3. 繪圖觀察其趨勢變化，有無種類優勢度的消長。 4. 每週觀察動物相的變化，查詢動
		4. 覺知不同群落中不同族群間有食	物的食性，畫出食物網。

		物鏈、食物網的關係存在。	5.比較各不同環境下的植物指標變
		5.覺知群落由生產者、消費者、分解	遷圖、食物網結構變遷圖。
		者組成,構成食物塔的關係。	6.除上上述實驗外,也可找校園或
		6.擬定觀察計畫,記錄、歸納生物與	校外兩處或多處不同的環境做族
		生物間,及生物與環境間的關係。	群與群落生態的調查並比較之。
		11-6 生物世界	1.與 11-1 合併授課,練習將所觀察
		1.依照生物的特徵可將他們分類。	的生物加以分類。
		2.察覺有些動物的行為是天生的,有	2.比較上述實驗中,不同環境的生
		些可靠後天學習。	物特徵,探討生物特徵與環境的
		3.發覺不同的生物特徵,適合不同的	關係。
		生活環境。	3.探討動物的行為
六下	12	**12-1 我們的生活環境**	1.在地思考,在地行動,夥伴關係,
		1.覺察環境變遷對生物生活會產生	全球行動。
		影響。	2.建議以社區(學區)為探究區,
		2.探討影響生活環境的主要因素及	由小朋友提出環境問題,經過對
		其因果關係。	等討論方式,提出研究計畫。你
		3.藉由探討環境問題引起想做科學	提探究主題,他質疑可行性。他
		研究的動機,並培養飲水思源、珍	提出不同主題,我建議加上其他
		惜資源的情操。	考量,會更好。你說從這樣的主
			題激發您提出另一主題的靈
			感……,光是討論主題,可能就
			要開好幾次會,上課時間不夠
			用,下課繼續討論,表達論述能
			力就是這樣培養起來的。老師應
			扮演鼓勵與引導的角色,鼓勵學
			生多發言,多思考。一堂課中,
			若想不出好主題,也可以分組,
			下次上課時,請每組提出一個主
			題。
			2.建議討論到提出主題,擬定計畫
			書的過程佔三分之二,實際去做
			的時間佔約三分之一。

			3. 做一個與社區和個人權益有密切關係的題目，甚至獲得解決社區問題，對學生關懷社區的影響至為深遠。例如小朋友調查、關懷流浪狗，可能解決社區長久以來的狗屎問題 4. 若連身邊社區都無法關懷，要去「拯救地球」也只是一時的英雄主義，是難以長久，且容易變質的。

國家圖書館出版品預行編目

科普的閱讀與寫作 / 林自奮等作. --一版. --
臺東市 : 臺東大學, 2009.07
  面 ;   公分. --(語言文學 ; ZG0056)

BOD 版
ISBN 978-986-01-9348-0(平裝)

1.通識教育   2.科學   3.寫作法   4.文集

525.3307   98012981

語言文學   ZG0056

科普的閱讀與寫作

作　　者 / 林自奮、黃惠信、廖尉岑、邱泰嘉、楊義清、
　　　　　董恕明、劉炯錫
執行編輯 / 藍志成
圖文排版 / 姚宜婷
封面設計 / 邱宗洲
數位轉譯 / 徐真玉　沈裕閔
圖書銷售 / 林怡君
法律顧問 / 毛國樑　律師
出 版 者 / 國立臺東大學
　　　　　臺東市西康路二段 369 號
　　　　　電話：089-517491
　　　　　http://www.nttu.edu.tw
印製經銷 / 秀威資訊科技股份有限公司
　　　　　臺北市內湖區瑞光路 583 巷 25 號 1 樓
　　　　　電話：02-2657-9211　　傳真：02-2657-9106
　　　　　E-mail：service@showwe.com.tw

97 年教育部獎勵大學教學卓越計畫　策劃

2009 年 7 月 BOD 一版
定價：250 元